# Inhalt

W0072518

Vorwort ..................................... 7

LINDA REISCH:
Hauptsache Arbeit? ...................................... 9

FRIEDHELM HENGSBACH:
Arbeit macht stark – Das Beschäftigungsrisiko
zersetzt den Willen zur Demokratie. .................. 15

BERNHARD WILPERT:
Vergeht den Deutschen die Arbeitslust? .............. 26

BERT RÜRUP:
Arbeit derZukunft – Zukunft der Arbeit. ............ 35

THOMAS ZIEHE:
Das Kleinarbeiten von Kontingenz.
Über die unsichtbare Arbeit
von Schülern und Lehrern. ............................. 51

JÜRGEN HEINICHEN:
Arbeit und Arbeitslosigkeit.
Erfahrungen mit Betroffenen. .......................... 61

ERNST ULRICH VON WEIZSÄCKER:
Arbeit und Umwelt –
Perspektiven für das 21. Jahrhundert. .................. 69

WOLFGANG THIERSE:
Verteilungskampf um Arbeit? .......................... 87

ULF FINK:
Arbeit ist mehr als Broterwerb........................... 102

FRANK NIETHAMMER:

Verantwortung des Unternehmers
in der Arbeitswelt..................................... 109

PETER KOSLOWSKI:

Überarbeitete und Beschäftigungslose.
Sinnverlust der Arbeit durch
Übergeschäftigkeit und Unterbeschäftigung. .......... 120

DIETER KRAMER:

Suchbewegungen in der Krise
der Arbeitsgesellschaft. ..................................... 133

HILMAR HOFFMANN:

Zukunft braucht Diskurs. ................................ 173

Angaben zu den Autoren ................................ 179

Personen- und Sachregister ............................ 183

# Vorwort

Wer menschliche Arbeit auf den Stoffwechsel mit der Natur reduzieren möchte, der wäre schlecht beraten. Zwar ist jener wesentlicher Inhalt der Arbeit, und ohne ihn können wir nicht leben. Aber wieviel mehr ist und wird nicht mit Arbeit gleichsam nebenbei miterledigt! Zu ihr gehört Persönlichkeitsentwicklung, ja sogar Menschwerdung wird mit ihr verbunden; Erwerbsarbeit ist seit Herausbildung der bürgerlichen Gesellschaft zentrales Instrument der Verteilung der individuellen Chancen und der Konsummöglichkeiten; sie ist Träger von Sozialprestige und Ideologien; sie ist Motor des Wachstums und setzt sich auseinander mit seinen Folgen, sie baut auf und sie zerstört.

Nicht nur die gesellschaftliche Organisation der Arbeit ist extremem historischen Wandel unterworfen, sondern es wandeln sich auch die ideologischen und gedanklichen Zuordnungen und Sinnzuweisungen. In Zeiten der Krisen und Veränderungen wird in der gesellschaftlichen Öffentlichkeit darüber neu nachgedacht.

Seit vielen Jahren wird in der Bundesrepublik in immer neuen Wellen über Krise und Wandel der Arbeitsgesellschaft diskutiert. Mit der deutschen Vereinigung und der aktuellen Konjunkturflaute ist bei ständig steigenden Arbeitslosenzahlen diese Diskussion wieder einmal brisant geworden. Alle ökonomischen Strategien gegen Arbeitslosigkeit helfen heute nicht mehr; Wachstum bedeutet nicht mehr die Wiederherstellung der Vollbeschäftigung. Dennoch tun wir so, als sei Arbeit zentraler Lebensinhalt; die Abkehr davon ist mit einer in immer neuer Gestalt erscheinenden Sinnkrise verbunden. Die Menschen in unserer Gesellschaft müssen sich auf die Suche nach neuen Sinnstrukturen begeben. Die Situation ist dabei gleichzeitig voller Widersprüche: Während die einen sich in einer Gesellschaft mit weniger Arbeit einzurichten versuchen und als „Zeitpioniere" Wert auf Selbstverwirklichung in Arbeit und freier Zeit legen, denken andere schon wieder an die Verlängerung der Lebensarbeitszeit, weil sie mühevoll qualifizierte und ausgebildete Arbeitskraft möglichst lange „verwerten" wollen.

Einen Diskussionsprozeß dieser Art dokumentieren wir in diesem Band. Er ist hervorgegangen aus den 20. Frankfurter Römerberggesprächen, die am 18./.19. Juni 1993 in Frankfurt am Main stattfanden und unter dem Titel „Arbeit ohne Sinn? – Sinn ohne Arbeit?" standen.

Die Gesprächsteilnehmer haben etwas zuwege gebracht, was eigentlich zur Intention solcher Gespräche gehört, aber selten erreicht wird: Sie haben durch ihre aufeinander bezogenen Beiträge neue Dimensionen in das Thema eingebracht, die in den Referaten selbst eher noch verborgen waren. Die Diskussion muß Einwendungen zuspitzen – sie hat Argumente sozusagen a point zu präsentieren oder, um ein anderes Bild der kulinarischen Kunst zu verwenden, sie werden geköchelt und reduziert bis zu ihrem wirkungsvollsten Extrakt und Fond. Dies versucht die Zusammenfassung wiederzugeben, und dank der Qualität der Diskussion ist sie so zum eigenständigen Beitrag geworden. Natürlich ist es die Momentaufnahme einer noch nicht beendeten Auseinandersetzung, aber als solche ist sie auch wegen der Aktualität der Fragen vielleicht dem einen oder anderen für die Fortsetzung der Auseinandersetzung wichtig. Und sie geht weiter: Im Oktober 1993 hat der VW-Konzern paukenschlagartig der Diskussion einen neuen Anstoß gegeben: Die Vier-Tage-Woche ohne Lohnausgleich ist ein Signal für die fällige Umverteilung von Arbeit.

Wir danken den Autoren für die Bereitwilligkeit, mit der sie uns die Beiträge zur Verfügung stellten, und danken dem Verlag für die rasche Produktion des Buches.

Hilmar Hoffmann
Dieter Kramer

8

LINDA REISCH
# Hauptsache Arbeit?

„Arbeit ohne Sinn? – Sinn ohne Arbeit?", ist ein Thema von
großer Aktualität in einem Land mit mehr als drei Millionen
Arbeitslosen, mit mehr als vier Millionen Sozialhilfeempfän-
gern, mit schätzungsweise 300 000 Menschen ohne Dach
über dem Kopf, mit Millionen Menschen, die von Zukunfts-
angst geplagt werden und von deren oft kargem Einkommen
die Hälfte und mehr für die Miete aufgebracht werden muß.

Mutet es nicht verwegen an, unter solchen sozialen Voraussetzungen Sinnfragen zu stellen, zwischen Arbeits-,
Tätigkeits- und Freizeitgesellschaft zu unterscheiden? Was
wird aus den beiden letzteren, wenn der ersteren angeblich
ihre Substanz, die Arbeit, ausgeht?

„Hauptsache Arbeit", nicht nur im Osten unseres Landes
ist das wieder die Devise. Man erinnert sich an jenes Foto aus
der Zeit der Weimarer Republik: ein Mann geht mit einem
Pappschild um den Hals durch die Straßen, auf dem
steht: „Nehme *jede* Arbeit an." Wer fragt in solch einer Situation nach dem Sinn? Der Soziologe Oskar Negt hat das
Sich-Abfinden mit der Arbeitslosigkeit als den „Grund-
skandal unserer Gesellschaft" bezeichnet, denn den betroffenen Menschen werde das zivilisatorische Minimum für
eine menschliche Existenzweise vorenthalten: „nämlich
einen Arbeitsplatz, einen konkreten Ort, an dem sie ihre
gesellschaftlich gebildeten Arbeitsvermögen anwenden
können, um von bezahlter Leistung zu leben. (...) *Arbeitslosigkeit ist ein Gewaltakt, ein Anschlag auf die körperliche
und seelisch-geistige Integrität, auf die Unversehrtheit der
davon betroffenen Menschen.*"[1]

Das Leben macht in dieser Logik ohne Arbeit keinen
Sinn, genauer: ohne Erwerbstätigkeit. Marginalisierung ist
die Folge, die Betroffenen landen am Rande auch der Frei-
zeit- und der vom Anspruch auf Selbstbestimmung geprägten Tätigkeitsgesellschaft. Doch Arbeitsgesellschaft und
Freizeitgesellschaft, Fron und Rekreation sind siamesische
Zwilllinge; die eine ist nicht ohne die andere.

9

Wenn dem so sein sollte, müßten die Voraussetzungen eines solchen Arbeitsbegriffes in Frage gestellt werden. Arbeit erschöpft sich als Erfindung der Moderne nicht in Angebot und Nachfrage, der Preis ist nicht das ausschließliche Regulativ. Nützlich ist nicht nur, was Geld bringt; ansonsten wäre der Begriff der Kulturgesellschaft Humbug. Nicht allein die vergütete Arbeit macht den Bürger zum Vollbürger. André Gorz begreift den verstümmelten Arbeitsbegriff als Vereinseitigung der Vernunft und plädiert für ihre Rationalisierung.

Waren nicht die Griechen passionierte Müßiggänger? Arbeit bedeutete ihnen, der Notwendigkeit unterworfen zu sein, eines freien Mannes unwürdig, aktualisiert: eines freien Menschen unwürdig.

Ein nüchterner Blick auf die heutige gesellschaftliche Wirklichkeit zeigt, daß sie noch andere Parameter als die Vergütung in Form des Arbeitsentgeltes kennt. Die unentwegte Zunahme der Schattenarbeit folgt offensichtlich anderen Definitionen. Wenn Arbeit als solche sinnlos, sinnentleert erscheint, wird man nicht nach Feierabend flugs zum mündigen Bürger.

Eine integrierte Politik machte aus der Arbeitsteilung kein Schibboleth, sie macht sie sich zunutze. Ein lohnendes Feld sind sicher Stadtverwaltungen mit ihrer kameralistischen Struktur, die zwar arbeitsökonomische Effizienz, unternehmerisches Denken und Motivation der Beschäftigten gleichsam systematisch verhindert, dafür jedoch traditionsbewußt das formal-hierarchische Denken des 19. Jahrhunderts bewahrt. Kritische Traditionsaneignung steht in diesem Bereich noch aus.

Um eine Rationalisierung anderer Art geht es, wenn wir darüber nachdenken, wie Arbeit sich verändert hat. 81 Stunden wurden noch 1975 benötigt, um ein Fernsehgerät herzustellen, heute genügen zwei Stunden oder weniger; wo noch vor einigen Jahren 300 Beschäftigte ein Auto montierten, tun es heute weniger als zwei Dutzend. Der Produktionszuwachs beträgt 1000 Prozent. Ist das nicht eine Entwicklung, deren Konsequenzen wir uns erst bewußt machen müssen? Ist es nicht eine Chance, Freizeit als von Arbeit freier verfügbare Zeit und Freiheit miteinander in Verbindung zu bringen?

Die Dauerkrise der Arbeitsgesellschaft ist eine Möglichkeit, die Arbeit neu zu bestimmen und zu organisieren. Das erfordert Distanz zur Gegenwart, um nicht von ihr verschluckt zu werden; das Blickfeld ist zu erweitern. Bernd Guggenberger schreibt schon vor fünf Jahren in seinem Buch „Wenn uns die Arbeit ausgeht": „Wer gebannt nur auf die Probleme der Arbeitsgesellschaft starrt, wird auch die Probleme der Arbeitsgesellschaft nicht sehen. Wer nicht wenigstens in groben Umrissen eine Vorstellung vom Ganzen hat, aus dem er das Problemgeflecht der Arbeitsgesellschaft isoliert, wird in Diagnose und Therapie schwerlich etwas mit Gründen aussagen können. "2

Uns fällt das schwer: Der inflationäre Gebrauch des Wortes Arbeit ist hierfür verräterisch. Nichts scheint dagegen gefeit zu sein, Arbeit zu werden: Beziehungsarbeit, Friedensarbeit, Kulturarbeit, von Arbeitsfrühstücken und Arbeitsessen ganz zu schweigen. Die protestantische Ethik läßt grüßen.

Mir scheint allerdings, daß die Arbeitsgesellschaft weniger ein strukturelles als vielmehr ein Wahrnehmungsphänomen ist. Wir nehmen uns und andere als Mitglieder einer Arbeitsgesellschaft wahr. Das verengt die Perspektive. Nicht die Arbeit selbst, die Sicht der Arbeit definiert die Arbeitsgesellschaft. Arbeitsgesellschaft ohne Arbeit: das ist per definitionem eine Katastrophe. Wie damit umgehen, wenn es keine Optionen zu geben scheint? Hauptsache Arbeit? Auch als Simulation? Am Beispiel der Brüsseler EG-Bürokratie analysiert Bernd Guggenberger in dem zitierten Buch Irrwitz mit Methode: Arbeit als Simulation wird prämiert. Landwirte beziehen einen nicht unbeträchtlichen Anteil ihres Einkommens als Abschlachtprämien und Bodenbewirtschaftungsverzicht. Der Widersinn ist perfekt; die Arbeit der Bürokratie dient der Nicht-Arbeit, Verzicht auf Arbeit ist zum Erwerbszweck geworden. Mit normalen Augen gesehen hat das Züge von Dekadenz.

Der autonome Vollzug bestimmter Arbeitsvorgänge muß mitnichten sinnvoll sein; das Unvernünftige kann, wie die Produktion von Milchseen gezeigt hat, unter bestimmten Umständen für Einzelne sehr wohl vernünftig sein. Doch die Aufsplitterung der Gesellschaft in Erwerbsarbeit, Tätigkeit und Freizeit deutet darauf hin, daß die Lohnarbeit an Zentralität eingebüßt hat. Die Vertreibung des Sinns aus der Arbeit, die Reduktion von Subjekten auf Funktionen wurde von den zerborstenen Planwirtschaften auf die Spitze getrieben. Die von den Menschen abgespaltene ökonomische Vernunft wurde, wie André Gorz, gewiß kein Monetarist, schreibt, zu einer Macht, „die ihre Gewalt *über* die Individuen und nicht *durch* ihren Willen ausübte; ein Reich der Vernunft, das sich in die Diktatur ihrer Funktionsträger verkehrt hatte. "[3]

Die Eindimensionalität der Arbeitsgesellschaft versperrt die Sicht auf die Ursachen organisierter Unvernunft und auf die längst hinfällige Dichotomie von Arbeit und Tätigkeit, von Erwerb und Freiheit; das eine ist ohne das andere nicht zukunftsfähig. Die sogenannten autonomen Tätigkeiten gewinnen gegenüber den immanenten Zwängen des Arbeitssystems an Bedeutung. Stadterneuerung, Vorbeugung gegen Kriminalität, künftige Bildungsstrukturen lassen sich nicht allein unter ökonomischen Prämissen begreifen. Das eine läßt sich vernünftigerweise nicht gegen das andere ausspielen: Ökologie gegen Ökonomie, Arbeitsgesellschaft gegen Freizeitgesellschaft, Sozialpolitik gegen Wirtschaftspolitik oder – leider derzeit sehr beliebt – gegen Kulturpolitik; am Ende steht das gefürchtete Nullsummenspiel nach dem Gusto: in die eine Tasche 'rein, aus der anderen 'raus. Was etwa vom Staat verteilt wird, muß vorher abgeknöpft worden sein. In der Mehrzahl der Fälle sind doch die, denen gegeben wird, mit denen identisch, denen genommen wird. Sarkastisch bemerkt Guggenberger: „Würde die staatliche Umverteilungsmaschinerie zum Nulltarif arbeiten, könnte das außer Betracht bleiben. Da dies aber nicht der Fall ist, bedeutet jede Erhöhung sozialer Leistungen eine noch größere Erhöhung der in Beiträgen und Steuern zu erbringenden Abgabelasten. "[4]

Arbeit und ihr Wert lassen sich nicht nur ökonomisch bemessen, soziale Beziehungen sind nicht jenseits wirtschaftlicher Bedingungen und umgekehrt. Auf eine Wiederaneignung des Sozialen kommt es an. Der homo oeconomicus ist ein soziales Wesen und nicht auf seine Arbeitskraft oder seine Rolle als Funktionsträger zu beschränken. In der Ware Arbeitskraft verbirgt sich lebendige Subjektivität.

12

Wird denn wirklich die Arbeit knapp in der Arbeitsgesellschaft, wenn wir die Rechnung mit den Bedürfnissen von Menschen machen? Liegt nicht vieles brach oder wird durch Eigenarbeit aufgefangen? In der Alten- und Krankenpflege, im Umweltschutz, im Bildungssystem, in zu schwach gewordener ehrenamtlicher Arbeit. Hier in neue Arbeitsplätze mit der Ressource Sinn zu investieren, wäre kein Verlustgeschäft. Die psychosozialen Kosten von Dauerarbeitslosigkeit sind kaum bezahlbar.

Schillers Pessimismus, den er in den „Briefen zur ästhetischen Erziehung des Menschen" formulierte, wirkt noch immer als Menetekel. „Der Nutzen ist das große Idol der Zeit, dem alle Kräfte fronen und alle Talente huldigen sollen. Auf dieser groben Waage hat das geistige Verdienst der Kunst kein Gewicht, und, aller Aufmunterung beraubt, verschwindet sie von dem lärmenden Markt des Jahrhunderts. "

Der Lärm hat unvergleichlich zugenommen; die Arbeitsgesellschaft bedarf ästhetischer und philosophischer Korrektive, Zweckdenken genügt ihr nicht. Nur so könnte Freizeit zur Tätigkeitszeit werden, als vita activa, als Selbstbestimmung der Zeitorganisation durch Individuen, als „Denk-Zeit" (so Hermann Glaser).

Wiederaneignung des Sozialen erfordert ästhetische Kompetenz. Kultur ist kein Entlastungstraining, sie schafft Bedingungen zur Erprobung von Lebensentwürfen und Sinndeutungen – in der Arbeitszeit wie in der Freizeit. Autonome freie Zeit kostet wenig oder nichts, ansonsten führt sie sich selbst ad absurdum, sie vereint Freiheit und Muße. Arbeit und Freizeit sind die zwei Seiten einer Medaille des menschlichen Lebens. Die Verselbständigung des Nützlichkeitsdenkens mündete in Nutzlosigkeit und hat sich schließlich zum Aberwitz gesteigert. Hauptsache Arbeit? Was verbirgt sich hinter diesem Stoßseufzer oder hinter dieser Forderung? So tun, als tue man etwas, das ist fürwahr harte, anödende Arbeit. Hauptsache Arbeit institutionalisiert ökonomischen Irrwitz als Normalität.

„Arbeit ohne Sinn? Sinn ohne Arbeit?" – offene Fragen; vielleicht geht es bei der Anstrengung um Autonomie gar nicht um die Befreiung von der Arbeit, sondern um Befreiung in der Arbeit, um ihre zunehmende Verwandlung in Tätigkeit.

## Anmerkungen

1. Negt, Oskar: Lebendige Arbeit, enteignete Zeit: Politische und kulturelle Dimensionen des Kampfes um die Arbeitszeit. Frankfurt am Main/New York 1984,8.
2. Guggenberger, Bernd: Wenn uns die Arbeit ausgeht. München 1988, 26.
3. Gorz, André: Kritik der ökonomischen Vernunft. Berlin 1989, 66.
4. Guggenberger a. a. O. 84.

FRIEDHELM HENGSBACH

# Arbeit macht stark – Das Beschäftigungsrisiko zersetzt den Willen zur Demokratie

Der Streik der ostdeutschen Metallarbeiter und Metallarbeiterinnen vor ein paar Wochen war eine gewagte Aktion. Die Kolleginnen und Kollegen haben sich gegen die außerordentliche Kündigung der Tarifverträge gewehrt. Die Neuverhandlungen führten zu einem Kompromiß, der einem stillen Erdulden und Hinnehmen dessen, was die Arbeitgeber angeboten hatten, vorzuziehen war. Wer an der gesellschaftlich organisierten Produktion teilnimmt, kann sich wehren, hat Einfluß und Macht.

Ihre Ohnmacht dagegen erfahren diejenigen, die schon seit zehn Jahren aus dem Produktionsprozeß ausgeschieden sind, die jährlich mehr als zwei Millionen Arbeitslosen in Westdeutschland. Dazu kommen jetzt die fast vier Millionen Menschen in Ostdeutschland, die mit dem Zusammenbruch der dortigen Industrieproduktion ohne Beschäftigung sind. Sie sind ohnmächtig, weil sie auseinander dividiert, persönlich verantwortlich gemacht, zu Problemgruppen sortiert und des Mißbrauchs von Sozialleistungen verdächtigt werden.

## 1. Die verfestigte Massenarbeitslosigkeit ist die demokratische Herausforderung der 90er Jahre

Es ist erstaunlich, wie scharf die verfestigte Massenarbeitslosigkeit seit Monaten beobachtet wird. Drei kumulierende Prozesse wirken zusammen und beeinflussen die Lage auf dem Arbeitsmarkt dramatisch: Erstens der strukturelle Umbau der Kommandowirtschaften des real existierenden Sozialismus in halbwegs funktionierende Marktwirtschaf-

15

ten mit einer radikalen Nachfrageumlenkung und einem tiefen Einbruch der Industrieproduktion. Zweitens die konjunkturelle Abschwächung, die sich scheinbar unausweichlich wie eine atlantische Kaltfront der deutschen Wirtschaft nähert. Und drittens eine technologisch bedingte Arbeitslosigkeit, insofern die technikbedingte Produktivitätsrate die zu erwartende Wachstumsrate übersteigt.

Ebenso erstaunlich ist es, wie die verfestigte Massenarbeitslosigkeit semantisch verdrängt wird. Daß die herrschende ökonomische Theorie das Phänomen der Massenarbeitslosigkeit nicht zur Kenntnis nimmt, dafür im Nebel ihrer mathematischen Modelle herumstochert, ist nicht verwunderlich. Und daß der Sachverständigenrat, die Forschungsinstitute und die meisten Hochschullehrer seit Jahren ausschließlich die hohen Lohnkosten oder die zu starre Lohnstruktur für die wirtschaftliche Krise verantwortlich machen, hat bloß noch Unterhaltungswert.

In das Vakuum sozio-ökonomischer Diagnose tritt eine Reihe neuer Semantiken. Erstens die biographische Semantik, die gesellschaftliche Individualisierungsschübe jenseits von Klasse, Stand und Erwerbsstellung registriert und dabei leicht die markt- und erwerbsabhängigen Risiken der persönlichen Lebensform ausblendet. Zweitens die psycho-physische, ästhetische Semantik des Erlebens, die den Blick auf die einkommensabhängigen Faktoren verstellt, die für die Bildung sozialer Milieus eine Rolle spielen. Drittens die ökologische Semantik, die jene tragende Konfliktlinie der Industrie-, Dienstleistungs-, Freizeit- und Risikogesellschaft in den Schatten drängt, die unbeeindruckt durch die Interpretationsleistung der Medien weiterhin entlang der Verfügungsmacht über Produktionsmittel und Kaufkraft verläuft. Viertens die nationale Semantik der wiedergewonnenen deutschen Normalität, die die Analyse der sozioökonomisch bedingten Ungleichheit ablöst.

Kaum eine Phase der Arbeitslosigkeit in der Geschichte der Bundesrepublik ist bisher so detailliert beobachtet und registriert worden; aber auch kaum eine Phase der Arbeitslosigkeit trifft die Gesellschaft derart sprach- und reaktionslos an.

Die verfestigte Massenarbeitslosigkeit ist politisch mitverursacht. Mitte der 70er Jahre prägte Helmut Schmidt die

16

Kampfformel, daß ihm fünf Prozent Inflation lieber seien als fünf Prozent Arbeitslosigkeit. Als dann Ende der 70er Jahre beides eintrat, hagelte es Spott und Hohn auf den damaligen Bundeskanzler.

Deshalb schien die wirtschaftspolitische Wende zur angebotsorientierten, monetaristischen Wirtschaftspolitik, die in den USA unter Reagan und in Großbritannien unter Thatcher als erfolgreich angesehen wurde, fällig. Aber was haben das Vertrauen in die Selbstheilungskräfte des Marktes, auch des Arbeitsmarktes, der tendenzielle Rückzug des Staates aus dem Wirtschaftsgeschehen sowie die angebliche Kontrolle der Geldmenge als vorrangige Form der Wirtschaftspolitik nach zehn Jahren gebracht?

Die 80er Jahre sind charakterisiert durch ein beispiellos anhaltendes Wirtschaftswachstum, einen Anstieg der verfügbaren Einkommen aller privaten Haushalte 1982–1989 um 30 Prozent, eine Verdoppelung ihres Geldvermögens 1979–1989 auf 2,9 Billionen DM. Außerdem durch eine erhebliche Verbesserung der Unternehmensgewinne, einen Anstieg der liquiden Mittel der westdeutschen Produktionsunternehmen auf 670 Milliarden DM Ende 1991, vagabundierende internationale Finanzströme, die abgekoppelt von den Güterkreisläufen nur zum Teil investitionswirksam geworden sind, durch ein Wirtschaftswachstum, das nicht voll beschäftigungswirksam wurde. Jetzt im Jahr 1993 liegt die Inflation bei vier Prozent, die Arbeitslosenquote bei sieben Prozent. Gab es in den 80er Jahren wenigstens einen Lernprozeß, daß die angebotsorientierte, monetaristische Wirtschaftspolitik gescheitert ist?

Die verfestigte Massenarbeitslosigkeit spaltet die Gesellschaft. Das beispiellos anhaltende Wirtschaftswachstum der 80er Jahre war begleitet von einer beispiellosen Öffnung der Schere zwischen denen, die an diesem Wachstum teilhatten, und denen, die davon ausgeschlossen waren. Von den registrierten Arbeitslosen erhalten 40 Prozent keine Leistungen aus der Arbeitslosenversicherung. 3,6 Millionen Menschen beanspruchten 1989 Sozialhilfe; ein Drittel derer, die laufende Hilfe zum Lebensunterhalt bezogen, gab die Arbeitslosigkeit als Grund ihrer Notlage an. Die Zahl der geringfügigen Beschäftigungsverhältnisse stieg auf über zwei Millionen. Die neue Armut hat viele Gesichter: Arbeitslose, Wohnungssuchende, gesundheitlich Beinträchtigte, Sozialhilfeempfänger, alleinerziehende Frauen, ältere Frauen, Ausländer, kinderreiche Familien; in Westdeutschland leben zehn Prozent der Bevölkerung unterhalb der relativen Armutsgrenze. Die gesellschaftliche Spaltung äußert sich auch in der Schieflage der Einkommensverteilung. 1980–1989 sind die Nettogewinne viermal so stark gestiegen wie die Nettolöhne; die Selbständigenhaushalte verfügten 1991 über das Dreifache des Durchschnittseinkommens. Noch krasser ist die Schieflage der Vermögensverteilung: Die Vermögenseinkommen der Selbständigenhaushalte sind zur Zeit etwa sechsmal so hoch wie die der Arbeiterhaushalte.

Und schließlich sind die Lasten der deutschen Einigung ungleich verteilt: Die Belastungen auf Grund höherer Verbrauchsteuern und Telefongebühren sowie der Solidaritätsabgabe hat bei den unteren Einkommensgruppen die Entlastungen aus der Steuerreform 1986–1990 überkompensiert, bei den mittleren Einkommensgruppen bloß neutralisiert.

Der gesellschaftliche Spaltungsprozeß bedroht die Demokratie. Von den politischen Entscheidungsträgern, die zu Lohnverzicht und Opferbereitschaft aufgerufen hatten, damit nach einer Gewinnsteigerung die Investitionsneigung zunehme und mehr Arbeitsplätze geschaffen würden, wird die Einlösung der Zusagen gefordert. Die Politiker scheinen jedoch wie gelähmt, währenddessen das ungenutzte Humankapital entwertet und zerstört wird. Durch prozyklisches Sparen, Streichen und Kürzen verschärfen sie die Krise oder weichen in Formen symbolischer Politik aus: sie täuschen Geschäftigkeit vor, inszenieren ein Medienspektakel und ringen sich Kompromisse ab, die sich am Tag danach bereits als nicht tragfähig erweisen und kein sachgerechter Beitrag zur Lösung eines Problems sind.

Die politischen Repräsentanten haben regelmäßig und systematisch die schwächeren Glieder der Gesellschaft ausgegrenzt, deren Sozialleistungen gekürzt. Sie haben seit Jahren gegen wechselnde Adressaten, nämlich Asylbewerber, Sozialhilfeempfänger, Arbeitslose und kranke Arbeitnehmer die Mißbrauchsdebatte geschürt. Dabei wird der Mißbrauchsvorwurf in der Regel von oben nach unten erhoben, obwohl offensichtlich ist, daß die rechts- und sozialstaatlichen Vorteile meist proportional mit dem Einkommen wachsen, und obwohl die Wohlfahrtsverbände wiederholt darauf hingewiesen haben, wie haltlos der Vorwurf des Mißbrauchs und der Verdacht des sozialen Wildwuchses sind.

Eine Gefahr für die Demokratie sehe ich in dem um sich greifenden Leistungsfieber, das auf Olympiakämpfer zugeschnitten ist. Die Gesellschaft soll anscheinend nach den Spielregeln für Sieger umgebaut werden, die den jeweils Stärkeren das Überleben sichert. Der Kult und die Arroganz der vermeintlichen Leistungsträger, die sich von den Leistungsverweigerern abgrenzen und sich dem Leistungswettbewerb offensiv stellen, treibt die einzelnen ArbeitnehmerInnen, Unternehmen, Städte, Regionen und Nationen in eine ruinöse Rivalität hinein. Dadurch wird ein Klima der Überlegenheit und Unterlegenheit, des Ellenbogenkampfes um Vorteile, der individuellen Profilierung um jeden Preis geschaffen. Leistungsunterschiede und erfolgreiche Abgrenzung zählen am Ende mehr als die Gleichheit der Menschen auf Grund ihrer Personenwürde, als gesellschaftliche Solidarität und das Engagement für das öffentliche Interesse.

In einem solchen Klima der individuellen Rivalität und des Drangs nach sozialer Überlegenheit durch angeblich bessere Leistung suchen die jeweils Schwächeren ein Ventil, durch das sie ihren persönlichen und gesellschaftlichen Frust abreagieren können. Das Ende einer solchen Kettenreaktion nach unten ist schließlich Fremdenfeindlichkeit. In den Asylbewerbern oder den Arbeitsmigranten wird dann ein Art Sündenbock gefunden, der für Arbeitslosigkeit, Wohnungsnot und soziale Diskriminierung verantwortlich gemacht werden kann. Aus vielfältigen Gründen ausgegrenzte und benachteiligte Gruppen sammeln sich im Bekenntnis natürlicher Ungleichheit und völkischer Überlegenheit. Da die politischen Repräsentanten dem Ruf nach durchgreifenden und einschneidenden Maßnahmen gegen die Fremden nicht schnell genug nachkommen, kommt es zu gewaltsamen Übergriffen. Indem man die Erfahrung macht, daß erst Gewalt gegen Fremde und brennende Häuser den Politikern Beine machen und diese zu wenngleich symbolischen Ersatzhandlungen zwingen, kommt eine gefährliche Spirale unkontrollierter, nämlich ziel- und zweckloser Gewaltausbrüche und ebenso irrationaler politischer Entscheidungen zustande, beispielsweise den eige-

19

nen Wohlstand militärisch abzusichern, weltweit Flagge zu zeigen und die Risiken der globalen Armutswanderung auf die deutschen Nachbarn abzuwälzen. Nationales Pathos mag zwar ursprünglich mit dem Widerstand einer benachteiligten Minderheit, also mit dem Willen zur Befreiung des Volkes zusammenhängen, es endet jedoch häufig genug damit, daß politische Grundrechte eingeschränkt werden und die Demokratie beschädigt wird.

## 2. Der arbeitsethische Standort

Der ethische Standort ist das Gegenteil des einzelwirtschaftlichen Standortes, der Rivalität der einzelnen ArbeiterInnen, Unternehmen, Regionen und Nationen. Er formuliert die Bedingungen der Möglichkeit von Konkurrenz, nämlich verläßliche Erwartungen, gemeinsame Absprachen, zustimmungsfähige Regeln der Kooperation. Er nennt den Maßstab verantwortlicher Entscheidung, nämlich möglichst viele Betroffene einzuschließen und möglichst viele Handlungsfolgen zu berücksichtigen. In der Formel des kategorischen Imperativs wird diejenige Handlungsmaxime ausgezeichnet, durch die man zugleich wollen kann, daß sie ein allgemeines Gesetz werde, bzw. durch die sowohl die eigene Person als auch die Person eines jeden anderen jederzeit zugleich als Zweck, niemals bloß als Mittel gebraucht wird. In der Sprache der kommunikativen Ethik sind es die Grundnormen einer Kommunikationsgemeinschaft, deren Reichweite unbegrenzt ist, die alle Beteiligten als gleichberechtigte Partner anerkennt und ihnen das Recht einräumt, ihre Interessen angstfrei zu vertreten.

Der ethische Standort, der sich an dem orientiert, was verallgemeinerungsfähig ist und die Menschenwürde eines jeden achtet, ist keine Spielregel ausschließlich für Sprinter oder bloß für Sieger, schließt vielmehr immer die Schwächeren und Benachteiligten ein. Das allgemeine Interesse läßt sich demgemäß nie an den Interessen beispielsweise der Randbelegschaften, der Arbeitslosen, der ethnischen Minderheiten und der kommenden Generationen vorbei definieren.

20

Der arbeitsethische Standort sucht den Erwartungen der Menschen in Mittel- und Osteuropa gerecht zu werden, die Marktwirtschaft und Demokratie, westlichen Wohlstand und persönliche Freiheiten für vereinbar gehalten haben. Eine demokratiefähige Marktwirtschaft zeichnet sich dadurch aus, daß möglichst viele Menschen, die arbeiten können und wollen, an der gesellschaftlich organisierten Arbeit, am gesellschaftlich produzierten Reichtum und an den wirtschaftlichen Entscheidungsprozessen beteiligt werden. Beteiligung gilt als der neue Name für Gerechtigkeit.

An erster Stelle steht demnach die Beteiligung an der gesellschaftlich organisierten Arbeit, nicht bloß die Beteiligung am Reichtum, den andere erarbeiten, indem man etwa Arbeitslosengeld und -hilfe oder ein Grundeinkommen erhält und allenfalls in einen sekundären Arbeitsmarkt eingegliedert wird. Die Arbeitslosen wollen kein Almosen, sondern Arbeit als Lebensmittel; darauf haben sie ein Recht.

Beteiligung an der gesellschaftlich organisierten Arbeit hat etwas mit gesellschaftlicher Anerkennung zu tun, daß die Begabungen und Interessen eines Menschen gesellschaftlich wertvoll sind. Das Prädikat gesellschaftlicher Wertschätzung, das einer Arbeit verliehen wird, gibt den Arbeitenden Selbstbewußtsein, Selbstachtung, Würde. Die Gesellschaft gibt ihnen zu verstehen, daß sie gebraucht werden, um auf die säkularen und globalen Herausforderungen eine Antwort zu finden, daß sie den politischen Willen hat, die Grundbedürfnisse aller Menschen zu befriedigen und die eigene Wirtschaftsform so zu transformieren, daß sie auf die jetzt lebenden Menschen und die kommende Generation übertragbar ist, und daß sie das, was politisch gewollt ist, auch finanzieren kann.

Die gesellschaftliche Anerkennung ist die erste, die soziale Dimension menschlicher Arbeit. Gleichfalls grundlegend ist die zweite, die personale Dimension: daß die Nachfrage nach Arbeitskräften bzw. das Angebot an Arbeitsplätzen den einzelnen Menschen die Chance bietet, daß sie in der Arbeit die eigenen Fähigkeiten entwickeln und entfalten, daß sie in der Arbeit sich selbst verwirklichen und mehr Mensch werden.

Die Schaffung von Arbeitsgelegenheiten erfüllt dann die dritte, die naturale Dimension menschlicher Arbeit. Die

21

Arbeit eröffnet den Zugang zu den Gütern der Erde, nämlich zum gesellschaftlich produzierten Reichtum und sichert den eigenen Lebensunterhalt.

Beteiligung an der Arbeit, am Reichtum, bleibt unvollendet, solange das Demokratiegebot an den Werkstoren oder am Unternehmensportal endet. Marktwirtschaft und Demokratie sind erst dann einander angenähert, wenn das von Haus aus kapitalistische Unternehmen eine Verfassung erhält, wenn die Manager ihre Entscheidungskompetenz und ihr Direktionsrecht sowohl vor den Aktionären als auch vor der Belegschaft verantworten müssen, wenn bei unternehmerischen Entscheidungen die Interessen der Belegschaft den gleichen Rang einnehmen wie die Interessen der Kapitaleigner.

# 3. Politische Handlungsmöglichkeiten

Die Reflexion über den arbeitsethischen Standort soll eine Verständigung über fünf arbeitspolitische Handlungsfelder erleichtern.

Wenn selbst die Erfahrungen der 80er Jahre bestätigen, daß die Nachfrage nach Arbeitskräften von der nach Gütern und Diensten abgeleitet ist, und wenn die Investitionsneigung der Unternehmen in Ostdeutschland mehr durch Absatzerwartungen als durch ein Lohnkostenkalkül bestimmt wird, dann müßte eine erfolgswirksame Arbeitspolitik vorrangig nachfrageorientiert sein. Ein politisches Aufbauprogramm Osteuropas mit großzügiger Kreditgewährung der Geschäftsbanken und Bürgschaften der Regierung könnte einen berechenbaren Rahmen und gleichzeitig ein evidentes Signal für unternehmerische Entscheidungen setzen.

Ein solches politisches Nachfragesignal ist aus einem zweiten Grund unverzichtbar: Gegenüber dem Phantom-Argument der zu hohen Lohnkosten, das einzelwirtschaftlich und aus der Perspektive der miteinander konkurrierenden ArbeiterInnen, Unternehmen, Regionen und Nationen plausibel ist, die sich im marktwirtschaftlichen Wettbewerb behaupten und ein vorteilhaftes Standortprofil aufbauen müssen, besteht die vornehmste Aufgabe der politischen

Entscheidungsträger darin, die verbindlichen Regeln zu setzen, auf gemeinsame Absprachen zu drängen und dafür zu sorgen, daß verläßliche Erwartungen aufgebaut werden. Denn der marktwirtschaftliche Wettbewerb funktioniert nur solange, als Formen gesellschaftlicher Regulierung und wirtschaftlicher Kooperation ihm zugrundeliegen. Konkurrenz ohne die Rahmenbedingung einer Kooperation entartet in eine ruinöse Rivalität, die für alle Beteiligten zerstörerisch wirkt.

Wenn möglichst viele Menschen an der gesellschaftlich organisierten Arbeit beteiligt werden sollen, müssen neue Produkte und Produktionsverfahren entdeckt und entwickelt werden, die den säkularen und globalen Herausforderungen in Osteuropa, im weltwirtschaftlichen Süden und in den Industrieländern gerecht werden. Ein sozial- und umweltverträglicher Wirtschaftsstil wird vermutlich nicht erstmalig in der Republik Tschad geschaffen, sondern muß in den Industrieländern ausprobiert werden. Diese Aufgabe erscheint außerordentlich dringend, denn Wirtschaftsstruktur und Lebensform, die gegenwärtig in den Industrieländern praktiziert werden, sind nicht auf die ganze Welt und auf kommende Generationen übertragbar. Sie sind nicht verallgemeinerungsfähig und insofern verantwortungslos, sozusagen kriminell.

Deshalb wäre es abwegig, weiterhin auf die Reaktionskette: Produktionswachstum – Wachstum der Beschäftigung – Wachstum der Einkommen – Finanzierung des Sozialstaats und der Umweltsanierung zu vertrauen. Diese Kette ist längst brüchig geworden. Denn herkömmliches Wachstum stößt an ökologische Grenzen, Wirtschaftswachstum mit nachsorgendem Umweltschutz wird zunehmend teuer, Wirtschaftswachstum ist nur begrenzt beschäftigungswirksam.

Eine umweltorientierte Arbeitspolitik kann sich indessen nicht in der bloßen Konversion einzelner Produkte und Produktionsverfahren erschöpfen. Es geht um eine fundamentale Umsteuerung der Wirtschaft durch eine Rahmensetzung, die eine andere Definition der einzelwirtschaftlichen Rentabilität erzwingt und einen veränderten qualitativ reicheren Lebensstil ermöglicht.

Da nicht mehr erwartet werden kann, daß das Vollbeschäftigungsziel im herkömmlichen Sinn allein durch Wirt-

23

schaftswachstum erreicht wird, müssen andere Wege gesucht werden, möglichst viele arbeitsfähige und arbeitwillige Menschen an der gesellschaftlich organisierten Arbeit zu beteiligen. Eine radikale Verkürzung der Erwerbsarbeitszeit ist unter den gegenwärtigen Bedingungen, da die Produktivitätsrate die Wachstumsrate übersteigt, dringend geboten. Die gegenläufigen Vorschläge einiger Politiker, die ökonomische bzw. finanzielle Krise dadurch zu lösen, daß Beamte länger arbeiten oder daß die Wochen- und Lebensarbeitszeit aller Erwerbspersonen verlängert wird, ist weder ursachengemäß noch zielkonform; sie ist einfach dumm und töricht. Die gesellschaftlich notwendige Arbeit muß fair zwischen Männern und Frauen verteilt werden. Eine beziehungsgerechte, geschlechtsneutrale Neuverteilung bedeutet für die Männer, daß sie ihr Volumen an Erwerbsarbeit reduzieren und ihren Anteil an materieller Hausarbeit, Erziehungs- und Beziehungsarbeit erhöhen; dadurch verlieren sie nicht, sondern gewinnen an Lebensqualität. Den Frauen muß entsprechend ihren Interessen der Zugang zu allen Formen und Positionen der Erwerbsarbeit erleichtert werden. Für beide ist demgemäß eine flexible Gestaltung der Erwerbsarbeitszeit anzubieten, die auf die individuelle Biographie sowie eine partnerschaftliche bzw. familiäre Lebensplanung Rücksicht nimmt.

Eine breite Beteiligung an der gesellschaftlich organisierten Arbeit setzt voraus, daß das Verursacherprinzip auch auf dem Arbeitsmarkt durchgesetzt und der finanzielle Verschiebebahnhof beispielsweise zwischen den Gebietskörperschaften und der Bundesanstalt für Arbeit stillgelegt wird. Denjenigen privaten Unternehmen oder öffentlichen Einrichtungen, die beschäftigungswirksame Entscheidungen treffen, indem sie Erwerbspersonen einstellen oder entlassen, müssen die finanziellen Auswirkungen solcher Entscheidungen, nämlich die Entlastung bzw. Belastung der öffentlichen Haushalte oder der Versichertengemeinschaft unmittelbar zugerechnet werden. Der föderale Finanzausgleich ist um eine arbeitspolitische Komponente zwischen Bund, Bundesanstalt, Ländern und Gemeinden zu ergänzen.

Schließlich ist jene systematische Fehlsteuerung der Produktionsstruktur zu beseitigen, die eine breite Beteiligung an der gesellschaftlich organisierten Arbeit systematisch

24

erschwert, nämlich die vorrangige Ankopplung der Sozialleistungen an das Arbeitsverhältnis. Solange die Lohnsumme die Bemessungsgrundlage für die Beiträge zur Sozialversicherung bildet, werden Unternehmen, die relativ arbeitsintensiv produzieren, gegenüber relativ kapitalintensiv produzierenden Unternehmen praktisch benachteiligt und dazu gedrängt, Arbeitskräfte zu entlassen und durch Maschinen zu ersetzen, um so Lohnnebenkosten einzusparen. Um diese Diskrepanz zwischen dem, was einzelwirtschaftlich vernünftig, gesamtwirtschaftlich jedoch unvernünftig ist, abzubauen, müßte die Finanzierung der Sozialleistungen beschäftigungsneutral an die Nettowertschöpfung der Unternehmen, nämlich die Gesamtheit der erzielten Einkommen gekoppelt werden.

Der Gefahr, daß eine verfestigte Massenarbeitslosigkeit die Demokratie als politische Verfassung und gesellschaftliche Lebensform bedroht, kann begegnet werden, indem der arbeitsethische Standort zurückgewonnen wird und die skizzierten arbeitspolitischen Handlungsmöglichkeiten ergriffen werden. Die Schlüsselrolle der Erwerbsarbeit ist zwar in solchen Empfehlungen unverkennbar, aber auf absehbare Zeit bleibt es dabei, daß die gesellschaftlich organisierte Arbeit soziale Anerkennung und persönliche Selbstachtung, aufrechten Gang vermittelt. Sie macht stark und demokratiefähig.

Bernhard Wilpert

# Vergeht den Deutschen die Arbeitslust?

## Einleitung

Arbeit ohne Sinn und Verlust der Arbeitslust stehen in einem Wechselverhältnis. Denn warum sollte man engagiert arbeiten, wenn diese Arbeit keinen Sinn mehr hätte? Den Niedergang der Arbeitsethik, den Zerfall überkommener, arbeitsbezogener Werthaltungen haben Volksbefrager ebenso wie Kulturkritiker (manchmal fallen die Kategorien zusammen) schon vor 20 Jahren diagnostiziert. Es wäre also zu fragen, ob die *subjektive Bedeutung* jener Tätigkeit, die wir als Arbeit bezeichnen, sich heute wesentlich verändert.

Es geht also nicht um die objektive gesellschaftliche Bedeutung der Arbeit als kulturschaffendes und kulturerhaltendes Element, auch nicht um Arbeit als zentralen Verteilungsmechanismus für Güter und soziale Chancen. Es geht schließlich ebenfalls nicht um die philosophisch-anthropologische Bedeutung von Arbeit etwa im Sinne von Hannah Arendts „conditio humana" – als Wesens-bestimmendes Merkmal des Menschlichen. Im Zentrum meiner Ausführungen steht die psychologische Dimension, der subjektive Bedeutungsgehalt der Arbeit heute.

Grundlage meiner Überlegungen sind insbesondere Ergebnisse eigener Forschungen zu arbeitsbezogenen Werthaltungen, die wir in den letzten 15 Jahren in mehreren europäischen Ländern (einschließlich Ost- und Westdeutschland), den USA und in Japan durchgeführt haben (MOW, 1987; Wilpert & Maimer, 1993). Im Rahmen dieser Forschung haben wir zu zwei Zeitpunkten (1982/3, 1989) insgesamt mehr als 20000 Personen befragt, was uns repräsentative Aussagen über arbeitsbezogene Werthaltungen der arbeitsfähigen Bevölkerung dieser Länder ermöglicht.

Ich will versuchen, meine Aussagen in fünf Thesen zu kleiden.

26

*These 1*

„Bedeutung der Arbeit" ist ein komplexes, mehrdimensionales Konzept.

Was Arbeiten für den Einzelnen bedeutet, ist nicht mit einer simplen Frage zu erfassen, etwa der Frage: „Ist es am schönsten zu leben ohne arbeiten zu müssen?" Wir müssen nämlich sehen, daß der Bedeutungsgehalt des Arbeitens sich vielmehr im Laufe der eigenen Biographie herausbildet, und zwar auf dreierlei Art:

– in der familialen Sozialisation über Bezugspersonen, als erste indirekte Erfahrungen mit der Arbeitswelt
– dann in schulischer und berufvorbereitender Sozialisation;
– er wird schließlich in der eigenen Arbeitstätigkeit bestätigt oder modifiziert und in je gegebenen sozialen Kontakten verfestigt (Ruiz Quintanilla & Wilpert, 1985).

Auch ist nicht anzunehmen, daß die Bedeutung der Arbeit über die ganze Lebensspanne hin konstant bleibt, vielmehr dürften kritische Ereignisse (Arbeitslosigkeit), lebenszyklische Phasen (Berufsein- und -austritt, Familiengründung) oder Berufswechsel zu Veränderungen arbeitsbezogener Werthaltungen führen. Desweiteren ist anzunehmen, daß die Art der Arbeit und des ausgeübten Berufes zu Unterschieden der subjektiven Bedeutung von Arbeit führt.

In unserer eigenen Forschung unterscheiden wir daher drei grundlegende Dimensionen arbeitsbezogener Werthaltungen:

(1) *Zentralität der Arbeit* als der Stellenwert der Arbeit im Vergleich zu anderen wichtigen Lebensbereichen: Familie, Freizeit, Gemeinde und Religion.

(2) *Normenorientierung* im Hinblick auf Arbeit als Grad der Internalisierung von gesellschaftlichen Normen, etwa der Pflichtnorm (Arbeit als Pflicht i.S. protestantischer Arbeitsethik) oder Erwartungs- bzw. Anspruchsnormen gegenüber Arbeit (was legitimerweise von Arbeit erwartet wird: angemessene Bezahlung, eine interessante Tätigkeit).

(3) *Arbeitsmotive* als jene Aspekte, die sich durch eine besondere Wichtigkeit auszeichnen: ökonomische, intrinsische oder soziale Facetten der Arbeit.

*These 2*

Der objektiven Reduktion durchschnittlicher Arbeitszeit entspricht eine Reduktion der subjektiven Zentralität des Arbeitens.

Wenn wir uns die tatsächlichen Entwicklungen der Arbeitszeit ansehen, so stellen wir fest: Arbeit als erwerbsmäßig betriebene Tätigkeit nimmt bei uns zusehends ab. Während der letzten hundert Jahre verringerte sich die durchschnittliche Arbeitszeit wie folgt:

Wochenarbeitszeit: 1881: 72 Stunden

1980: 41,6

1990: 37,7

Heute: ca. 35 und darunter.

Lebensarbeitszeit: 1928 Geborene (65-jährige): 110 000 Std.

1957 Geborene (36-jährige): 59 350 Std.

Innerhalb von 100 Jahren erkennen wir also eine effektive Halbierung der Zeit, die erwerbsmäßig arbeitend verbracht wird. Die Nicht-Erwerbszeit, die vom „Joch der Arbeit" befreite Zeit, nimmt zu. Und der Trend hält an trotz manch makabrer Beschwörung der mehr als 40-Stundenwoche aus Politikermund: Es gibt keinen Grund anzunehmen, daß der Trend sich insgesamt und auf Dauer umkehren könnte. (An meiner Universität plant eine Gruppe von Wissenschaftlern die menschenleere Fabrik.) Tatsächlich liegt heute die geleistete Jahresarbeitszeit im Schnitt bereits unter der tariflich vereinbarten, d.h. der Rückgang der tatsächlichen Arbeitszeit eilt den Gewerkschaften davon. Unbeschadet der politischen Tagesauseinandersetzung unter den Tarifpartnern und ihrem Kriegsgeschrei um die Arbeitszeitreduktion und jüngst wieder um die Arbeitszeitverlängerung: es geht in absehbarer Zeit nicht mehr nur um die 35-Stundenwoche. In manchen Berliner Betrieben vereinbarten Geschäftsleitung und Betriebsrat bereits die 32-Stundenwoche. Wir brauchen keine besondere prophetische Begabung, um zu sagen: die 30-Stundenwoche kommt demnächst auf die Tagesordnung.

Heißt dies, daß auch die subjektive Zentralität der Arbeit abnimmt?

Unsere Forschung zeigt, daß für die Deutschen in Ost und West die Arbeit hinter der Familie als wichtigstem Lebensbereich rangiert. (Dabei ist übrigens für die Bürger in den neuen Bundesländern die Arbeit signifikant wichtiger als für die der alten Bundesrepublik). Zwischen 1982 und 1989 geht in der Bevölkerung der alten BRD die Zentralität der Arbeit leicht zurück, während die Rolle der Freizeit mit der Arbeit gleichzog. Hier läßt sich also eine gewisse Parallelität objektiver Arbeitszeitverkürzung mit subjektiver Zentralität der Arbeit und (gegenläufig) der Freizeit feststellen. Interessant ist dabei jedoch zu sehen, daß die jüngere Generation der 1989 unter 22-jährigen wieder höhere Zentralitätswerte zeigt als die gleiche Altersgruppe sechs Jahre zuvor. Zentralität der Arbeit gewinnt hier offenkundig wieder an Boden. Inwieweit es sich hier bei den jüngeren Kohorten um eine genuine Wende des subjektiven Bedeutungsrückgangs von Arbeit handelt oder ob wir es hier nur mit einem befristeten Ausschlag zugunsten höherer Arbeitszentralität zu tun haben, müssen künftige Untersuchungen zeigen.

*These 3*

In den Normvorstellungen zur Arbeit und den Arbeitsmotiven zeigt sich eine Veränderung der Erwartungshaltung gegenüber inhaltlichen Aspekten der Arbeit.

Im Grunde handeln wir hier von der Frage, warum Menschen arbeiten und welche Gründe sie dafür angeben, daß sie arbeiten. Psychologisch gesprochen: es geht um Arbeitsmotivation. Diese kann sich auf zwei Faktoren stützen: zum einen auf die Übernahme und Internalisierung von gesellschaftlichen Normen, zum anderen auf motivierende Anreize, die durch die Arbeit selbst vermittelt werden.

An Ergebnissen zu gesellschaftlichen Normen sei hier nur soviel berichtet, daß deutsche Arbeitnehmer bei ihren Ansprüchen an die Arbeit (d.h. was sie als Gegenleistung für ihre geleistete Arbeit vom Arbeitgeber und was sie hinsichtlich der Qualität der Arbeitsplätze erwarten) zusammen mit den Niederländern 1982 an der Spitze lagen. Dabei ist bemerkenswert, daß die Ansprüche der Werktätigen in den neuen Bundesländern heute signifikant stärker ausgeprägt sind als die ihrer Landsleute im Westen.

Bei den Pflichtnormen (d.h. dem Verständnis der Arbeit als Pflicht jedes gesunden Bürgers) unterscheiden sich die Deutschen in Ost und West nicht; sie nehmen mit den Japanern im internationalen Vergleich einen Mittelplatz ein. Innerhalb der deutschen Arbeitnehmerschaft unterscheiden sich ältere Arbeitnehmer signifikant von jüngeren durch ihre ausgeprägtere Pflichtorientierung gegenüber Arbeit. Allerdings zeigt sich bei den jüngeren Jahrgängen auch wieder eine Zunahme der Pflichtorientierung, was mit unserem bereits berichteten Befund einer Zunahme der Zentralität der Arbeit bei jüngeren Kohorten korrespondiert.

Befragt, was ihnen bei der Arbeit am wichtigsten ist, antworten die meisten unserer Landsleute 1989: gute Bezahlung und Arbeitsplatzsicherheit, aber auch, und zwar im Verlauf der Zeit zwischen den zwei Untersuchungen von 1983 zu 1989 zunehmend wichtiger: eine interessante Tätigkeit. Wiederum bemerkenswert: bei den Frauen steht an oberster Stelle die interessante Arbeit, gefolgt von guter Bezahlung und dann: soziale Kontakte, ein Motiv, das bei den Männern eine untergeordnete Rolle spielt.


Zwischenbilanz:

Nach wie vor arbeitet der Großteil der Bevölkerung vor allem des sicheren Einkommens wegen (Arbeit als Lebensmittel), wobei die Arbeit möglichst interessant sein sollte. Pflichtbewußtsein ist bei den Deutschen im Vergleich zu anderen Ländern (USA/Japan) unterdurchschnittlich ausgeprägt, während man andererseits mit Arbeit vergleichsweise sehr hohe und wachsende Ansprüche hinsichtlich individueller Erfüllungschancen verbindet. Nach der Familie ist Arbeit nach wie vor der zweit-zentralste Lebensbereich, wobei die Bedeutung der Freizeit, der Nichterwerbszeit, im Bewußtsein der Bevölkerung zunimmt.

30

*These 4*

Arbeit behält auch heute ihre zentrale Funktion der Sinngebung, Identitätsstiftung und Prägung individuellen Lebenszusammenhangs.

Die Ergebnisse unserer eigenen Forschung legen diese These nahe, ohne sie bündig beweisen zu können. Erst durch die Ergänzung mit Ergebnissen qualitativer Untersuchungen (Baethge, Hantsche, Pellul, Voskamp, 1988) erweist sich ihre Stimmigkeit. Dieser fortbestehenden Bedeutung der Arbeit arbeitet in der Arbeitswelt selbst ein Trend in die Hand, den man als „neue Produktionskonzepte" bezeichnet hat (Kern & Schumann, 1984): die Einführung neuer Technologien in Produktion und Dienstleistung legen im Interesse ihrer optimalen Nutzung nahe, Arbeit ganzheitlicher und komplexer zuzuschneiden. Dies verlangt höhere Qualifikationsniveaus der Beschäftigten, was nachweislich wiederum die Anspruchshaltung steigen läßt. Die zunehmende Erwerbsneigung der Frauen mit ihrer weniger als bei den Männern von der traditionellen Arbeitswelt geprägten Primärsozialisation tut ein Übriges. Anstatt Arbeit und Beruf aus dem personalen Lebenszusammenhang zunehmend auszugrenzen, läßt sich sagen: „Für große Gruppen von Beschäftigten, nicht zuletzt für Frauen, scheint heute eher eine entgegengesetzte Dynamik zu gelten: daß die Berufsrolle eine integrale Funktion für die persönliche Identitätskonstruktion wie für deren Stabilisierung gewinnt bzw. weiterhin hat" (Baethge, 1991: 10).

Um es mit dem Franzosen Cassen auszudrücken: Volle Bürgerrechte (citoyenneté) werden nach wie vor durch die Teilnahme am Arbeitsmarkt, in der Beschäftigung konstituiert (Cassen, Le Monde Diplomatique, März 1993). Es ist vor allem Arbeit, die Sinn gibt. Und es ist eigentlich nicht so sehr die Frage, ob den Deutschen die Arbeitslust vergeht als vielmehr, wie die Deutschen mit immer weniger Arbeit fertig werden. Daher:

*These 5*

Der objektive Rückgang des Bedarfs an lebendiger, menschlicher Arbeit und die fortbestehend hohe subjektive Bedeutung der Arbeit fordern ein revolutionäres Umdenken.

31

Mit dieser These ziehe ich den Schluß aus den vorangegangenen Überlegungen. Ganz offensichtlich, so zeigen unsere Forschungen, vergeht den Deutschen nicht die Arbeitslust. Das heißt nicht, daß sich in den arbeitsbezogenen Werthaltungen in der Bevölkerung nichts ändere. Wandel findet in der Tat in einzelnen Dimensionen des Wertgefüges statt. Dieser Wandel zeigt sich vornehmlich in den Arbeitsmotiven und den Normvorstellungen gegenüber Arbeit: Neben Existenzsicherung greift das Interesse an interessanter, sinnerfüllter Arbeit um sich. Aber dieser Wandel zeigt sich auch in dem steigenden Stellenwert der arbeitsfreien Zeit.

Der epochale spektakuläre Produktivitätszuwachs westlicher Wirtschaften führt, das kann heute wohl von niemandem mehr ernsthaft infrage gestellt werden, zur drastischen Senkung des Bedarfs an menschlicher Arbeit und damit zu 35 Millionen Arbeitslosen in Europa heute (20 Millionen davon allein in der EG). Morgen sind es mutmaßlich noch mehr, denn die allseits geforderten Investitionen gehen doch weitgehend in neue Technologien, und diese dürften das Dilemma noch weiter verschärfen, weil ja eben diese produktivitätssteigernden neuen Techniken es sind, die arbeitsplatzsparende Folgen zeitigen. Letztendlich läuft die Entwicklung auf eine Deprivation großer Teile unserer Bevölkerung hinaus.

Umdenken tut also not, und zwar bezogen auf drei Aspekte:

(1) hinsichtlich einer vernünftigeren, gerechteren Teilung der Arbeit. Dies muß nach Lage der Dinge vor allem über eine weitere Verringerung der durchschnittlichen Arbeitszeit pro Kopf und damit der Schaffung neuer Arbeitsplätze führen.

(2) hinsichtlich eines neuen Modus der Verteilung des durch Arbeit geschaffenen Mehrwerts, denn es kann doch nicht angehen, daß der durch den Produktivitätszuwachs geschaffene Mehrwert nur denen zugute kommt, die in der privilegierten Situation sind, einen Arbeitsplatz zu besitzen. Die dadurch entstehende Ungleichheit unter den Bürgern eines Landes könnte nur in sozialen Katastrophen enden.

32

(3) hinsichtlich der „Konstruktion einer Zivilisation der befreiten Zeit" (Gorz, Le Monde Diplomatique , März, 1993): Der stetige und alarmierende Zuwachs der Arbeitslosenzahlen in industrialisierten Ländern läßt sich offenkundig durch Wirtschaftswachstum allein nicht eindämmen. Die verzweifelte und an sich selbst zweifelnde Suche nach Vollbeschäftigung unter gegebenen Verteilungskriterien der Arbeit und ihrer Früchte verhindert nur die Suche nach neuen Modellen der Nutzung zunehmend freier Zeit. Hier geht es um die Chance zu begreifen, daß die in Arbeit verbrachte fremdbestimmte Zeit zurückgeht und Platz macht für eine neue Nutzung selbstbestimmter Zeit.

Hannah Arendt hat allerdings bereits 1958 in unnachahmlicher Meisterschaft auf das uns dabei bevorstehende Problem hingewiesen:

„Wir wissen bereits, ohne es uns recht vorstellen zu können, daß die Fabriken sich in wenigen Jahren von Menschen geleert haben werden, und daß die Menschheit der uralten Bande, die sie unmittelbar an die Natur ketten, ledig sein wird, der Last der Arbeit und des Jochs der Notwendigkeit. ... Die Rebellion gegen diese menschliche Existenzbedingung, das Verlangen nach dem leichten, von Mühe und Arbeit befreiten, göttergleichen Leben ist so alt wie die überlieferte Geschichte. ... So mag es scheinen, als würde hier durch den technischen Fortschritt nur das verwirklicht, wovon alle Generationen des Menschengeschlechtes nur träumten, ohe es jedoch leisten zu können.

Aber der Schein trügt. Die Neuzeit hat im siebzehnten Jahrhundert damit begonnen, theoretisch die Arbeit zu verherrlichen, und sie hat zu Beginn unseres Jahrhunderts damit geendet, die Gesellschaft im Ganzen in eine Arbeitsgesellschaft zu verwandeln. Die Erfüllung des uralten Traums trifft wie die Erfüllung von Märchenwünschen auf eine Konstellation, in der der erträumte Segen sich als Fluch auswirkt. Denn es ist ja eine Arbeitsgesellschaft, die von den Fesseln der Arbeit befreit werden soll, und die Gesellschaft kennt kaum vom Hörensagen die höheren sinnvollen Tätigkeiten, um derentwillen die Befreiung sich lohnen würde ... Was uns bevorsteht, ist die Aussicht auf eine Arbeitsgesellschaft, der die Arbeit ausgegangen ist, also die einzige Tätigkeit, auf die sie sich noch versteht. Was könnte verhängnisvoller sein?" (1960: 11–12).

Das notwendige Umdenken zu bewerkstelligen und seine Umsetzung in politisches Handeln zu ermöglichen, ist wahrhaft des Schweißes der Besten wert.

*Literatur*

Arendt, H. (1960). Vita activa . Stuttgart: Kohlhammer. (Erstveröffentlichung in Englisch 1958).

Baethge, M. (1991). Arbeit, Vergesellschaftung, Identität – Zur zunehmenden normativen Subjektivierung der Arbeit. Soziale Welt , 1 , 6 –19.

Baethge, M., Hantsche, B., Pellull, W., Voskamp, U. (1988). Jugend: Arbeit und Identität . Opladen.

Kern, H. & Schumann, M. (1984). Das Ende der Arbeitsteilung? Frankfurt/M.: Campus.

MOW-International Research Team (1987). The Meaning of Working . London: Academic Press.

Wilpert, B., Maimer, H. (1993). Culture or Society? Work related values in the two Germanies. Social Science Information, im Druck.

BERT RÜRUP
# Arbeit der Zukunft – Zukunft der Arbeit

## Die Determinanten von Arbeit

„Was Geld ist, weiß jedermann, nur nicht der Sozialökonom. Zwar kann auch er das Geld beschreiben ... aber niemals kann er es aber in festen Umrissen definieren. Der Begriff des Geldes steigt schattenhaft, verschwommen aus allerlei Geschenken oder zum Tausch verwendeten Gegenständen auf und verdichtet sich unmerklich zu erkennbaren Geldformen, aber er bleibt allseits ohne feste Konturen".

Würde man in diesem Statement der britischen Sozialökonomin Quiggin das Wort „Geld" durch „Arbeit" ersetzen, wäre es genauso stimmig. Denn wenngleich jedermann weiß, was Arbeit ist, entzieht sich diese zentrale Kategorie des menschlichen Lebens – wie die diversen Definitionsbemühungen der verschiedensten Autoren im Rahmen der unterschiedlichsten sozialwissenschaftlichen Disziplinen belegen – einer allseits befriedigenden Definition bzw. Operationalisierung. Und dies gilt auch für den folgenden Versuch einer – im doppelten Sinne – Arbeitsdefinition:

*Arbeit ist die Summe aller körperlichen und geistigen Tätigkeiten des Menschen zur Herstellung von knappen, d.h. begehrten Gütern und Dienstleistungen.*
*Von Erwerbsarbeit sollte man dann sprechen, wenn diese Tätigkeit gegen Entgelt stattfindet.*

In ihren Ursprüngen war „Arbeit" die Auseinandersetzung des Menschen mit der Natur zur unmittelbaren Selbsterhaltung bzw. Selbstsicherung. Mit der ökonomischen Evolution, verstanden als die Herausbildung einer Tauschwirtschaft und deren Ablösung durch die Geldwirtschaft und die immer fortschreitende Abeitsteilung und Spezialisierung, wurde das ursprüngliche bzw. agrarische Junktim zwischen den Ergebnissen der Arbeit und den individuellen Bedürfnissen des Arbeitenden immer

35

mittelbarer, und heute besteht es eigentlich nur noch im – zumindest bei uns – zu vernachlässigenden Bereich der Selbstversorgung.

Die gesellschaftliche Wertschätzung von „Arbeit", d.h. der soziale Stellenwert war im geschichtlichen Verlauf ebenso starken Wandlungen unterworfen wie der für „Arbeitstätigkeiten" reservierte bzw. davon beanspruchte Anteil an der Dispositionszeit (dies sind die nicht durch Rekreation und Reproduktion benötigten Stunden eines Tages). Insbesondere in der Antike umschrieb man mit Arbeit „inferiore" Tätigkeiten, die eines adligen und gebildeten Bürgers nicht wert waren. Die Mitglieder der Oberschicht im antiken Griechenland waren „planvolle Lenker gemeinsamer Aktivitäten und bewährten sich im erfolgreichen Abschluß von kriegerischen und zivilen Unternehmen". Dies war keine Arbeit; Arbeit wurde verrichtet entweder von Sklaven oder den „Banausen". Letztere waren freie Bürger, die sich allerdings gegen Lohnarbeit ihren Unterhalt verdienen mußten und mithin sich nicht der Muße bzw. dem Negotium, sprich den eben genannten superioren gesellschaftlichen Tätigkeiten, hingeben konnten.

Unter dem Einfluß der christlichen Lehre bekam Arbeit eine deutlich „positivere Wertladung". Denn in der Genesis wird die Erde in planvoller Arbeit durch Gott an sechs Tagen erschaffen. Und der Mensch als Ebenbild Gottes wird aufgefordert, ihm, dem Schöpfer, sowohl in seinem Arbeitsverhalten, als auch in der sonntäglichen Ruhe zu folgen. Arbeit – verstanden sowohl als physische Kraftanstrengung, als auch als mentale Beanspruchung – gilt daher nunmehr als eine sittliche gute Tat, so daß ein Leben dann „erfüllt" ist, wenn es ein Leben voller Arbeit war. Und wenn wir uns heute als „Arbeitsgesellschaft" bezeichnen und verstehen, so ist dies schließlich und endlich Ausfluß einer sich seit dem Ende des 15. Jahrhunderts – überkonfessionell – ausbreitenden, protstantischen Ethik. So dient nach Luther Arbeit nicht nur dem physischen Überleben, sondern ist gleichzeitig „höchster Inhalt sittlicher Selbstbestätigung", und Calvin ging noch einen Schritt weiter, für ihn war Arbeit der Hauptzweck des Lebens und führte zur certitudo salutatis, d. h. der Heilsgewißheit. Arbeitsamkeit, Fleiß und geschäftlicher Erfolg waren „gottgefällige Tugenden", und die unternehmerische

36

Tätigkeit wurde zur Berufsarbeit. Die Calvinsche Prädestinationslehre wurde zu der noch heute wirkmächtigen Motivationsbasis für die Entfaltung des kapitalistischen Geistes, eines Geistes, der einer „vita activa" ganz eindeutig den Vorrang vor einer „vita contemplativa" gibt und die Arbeit als letzte Quelle aller Werte glorifiziert.

Während die „Arbeitszeit" bis zu Beginn der Neuzeit mehr oder weniger durch das natürliche Sonnenlicht bestimmt war, führt die flächendeckende Ausbreitung der künstlichen Beleuchtung vom 17. Jahrhundert an zur Definition bzw. Konvention von „Arbeitszeiten". Interessant ist in diesem Zusammenhang darauf hinzuweisen, daß im Mittelalter und bis zum 17. Jahrhundert – zeitlich – deutlich weniger gearbeitet wurde, als dies beispielsweise im 19. Jahrhundert oder zu Beginn des 20. Jahrhunderts war. Die jährliche Arbeitszeit eines Arbeitnehmers im 16. Jahrhundert betrug – ohne einen tariflichen Urlaubsanspruch zu haben, aber bedingt durch die zahlreichen kirchlichen und weltlichen Feiertage – etwa 2000 Stunden pro Jahr, d.h. kaum mehr als heute. Im Vergleich dazu betrug die jährliche Arbeitszeit vor etwa 100 Jahren etwa 3500 bis 4000 Stunden.

Hinsichtlich der Industriearbeit des 19. Jahrhunderts ist zu konstatieren, daß diese an sechs Wochentagen

- um 1800  10 bis 12 Stunden täglich betrug
- um 1820  11 bis 14 Stunden und
- um 1850  14 bis 16 Stunden betrug.

Das entspricht einer wöchentlichen Arbeitszeit von deutlich über 80 Stunden. Seit Beginn dieses Jahrhunderts ist – nicht nur in Deutschland – ein kontinuierlicher Rückgang der täglichen Arbeitszeit zu konstatieren.

Aus der zu Beginn der Weimarer Republik gesetzlich eingeführten 48-Stunden-Woche bzw. dem 8-Stunden-Tag ist heute faktisch die 38-Stunden-Woche bei sechswöchigem Jahresurlaub geworden.

Was die Arbeitsinhalte angeht, so kann man einen säkularen Wandel von der Urproduktion (Landwirtschaft, Fischerei und Bergbau) über die Industriearbeit hin zu den Dienstleistungen konstatieren; denn für moderne Staaten ist es typisch, daß im Dienstleistungsbereich weit über 50 Prozent und damit deutlich mehr als im industriellen Bereich Beschäftigung finden. Ähnliches gilt für die Wertschöpfung. (Noch) nicht in der Bundesrepublik, wohl aber in vergleichbaren Staaten, ist der Beitrag des tertiären Sektors zum Bruttosozialprodukt mittlerweile deutlich größer als der des sekundären.

Dieser kurze historische Abriß sollte deutlich machen, daß Arbeit immer und zu jeder Zeit durch eine inhaltliche und eine zeitliche Dimension bestimmt werden. Die inhaltliche Dimension ist Reflex

- der jeweiligen gesellschaftlichen Schlüsseltechnologien
- der jeweils dominierenden Motivationen und Normen und
- der durch „Arbeit" zu befriedigenden Bedürfnisse.

Die zeitliche Dimension von Arbeit zerfällt in

- eine chronometrische Komponente, d.h. die Dauer und
- eine chronologische Komponente, d.h. die Verteilung des Arbeitsvolumens auf den Tag, die Woche, den Monat oder das Jahr.

Die Arbeit der Zukunft bzw. die Zukunft der Arbeit ist mithin eine abhängige Variable dieser zeitlichen und inhaltlichen Parameter, wobei allerdings die Wirkmächtigkeit dieser inhaltlichen und zeitlichen Determinanten in Deutschland nicht ohne Berücksichtigung der spezifisch deutschen Bevölkerungsentwicklung abgeschätzt werden kann. Aus diesem Grunde ist es erforderlich, eine kurze Bestandsaufnahme der demografischen Zukunft Deutschlands gleichsam als Kulisse der Veränderungen der Arbeitswelt vorzuschalten.

## Deutschland 2030: Arbeitsmarkt und Demographie

Für die den Arbeitsmarkt und die langfristige Arbeitsmarktbilanz (mit)entscheidende Bevölkerungsentwicklung (bis zum Jahre 2030) zeichnet sich ohne Zuwanderungen und bei

38

gleichbleibenden Geburten- und Sterbeziffern eine Verringerung der Bevölkerung und damit auch der Erwerbspersonen, d.h. des Faktors „Arbeit", in Gesamtdeutschland und zwar von derzeit rund 80 Mio. auf weniger als 63 Mio. Einwohner (2030) ab.

Aufgrund der weitgehend parallelen Entwicklung von Wirtschaftswachstum und Produktivität in der jüngeren Vergangenheit kann für die mittlere Zukunft (konjunkturbereinigt) gestützt auf die derzeit vorliegenden langfristigen Prognosen von 2,5 Prozent Wachstum pro Jahr von einer konstanten Nachfrage nach Arbeitskräften ausgegangen werden. Stellt man dies dem noch etwa fünf Jahre ansteigenden Erwerbspersonenpotential gegenüber, muß für die kommenden 10–15 Jahre (insbesondere bei einem wahrscheinlichen Anhalten der Zuwanderungen) weiterhin mit Massenarbeitslosigkeit gerechnet werden. In den Jahren nach 2010 wird sich allerdings der im gegenwärtigen Reproduktionsverhalten angelegte Bevölkerungsrückgang in Deutschland dergestalt auf das Arbeitskräfteangebot auswirken, daß ohne Wanderung und gleichbleibender Erwerbsbeteiligung eine Verringerung des Arbeitskräfteangebots um 14 Mio. Personen, das entspricht rund 30%, prognostiziert werden kann.

Neben dieser quantitativen Veränderung wird sich parallel die Altersstruktur des Erwerbspersonenpotentials ändern. So wird zwischen 1990 und 2000 die Anzahl der jüngeren Erwerbspersonen, also derjenigen im Alter von 15 bis 29 Jahren, in Deutschland um rund 33% zurückgehen; dieser Rückgang ist im Vergleich zu den restlichen westeuropäischen Staaten dreimal so stark. Für das Verhältnis der verschiedenen Altersgruppen bedeutet dies eine dramatische Verschiebung: Der Jungenquotient betrug 1990 37,4%. Sein Wert von 35,8% für das Jahr 2030 impliziert keine zusätzliche Belastung für die Bevölkerung im erwerbstätigen Alter, also die Gruppe der 20 bis unter 60jährigen an. Der Altenquotient dagegen – dies ist der Anteil der über 60jährigen an den 20 bis unter 60jährigen – steigt von 35,2% in 1990 auf 72,7% für das Jahr 2030, dies entspricht einer Steigerung um ca. 107% und die Summe aus Jugend- und Altersquotienten wird somit 2030 108,5% betragen. Damit ist die Anahl der Personen im erwerbsfähigen Alter auf einen Anteil an der Gesamtbevölkerung von 48% und damit um 10% gegenüber 1990 gesunken.

Diese vorprogrammierte Entwicklung wird dazu führen, daß zur Abfederung – eine völlige Kompensation ist nicht möglich – neben einer (möglichst gesteuerten) Zuwanderung in einer Größenordnung von 300 000 Personen pro Jahr – dies entspräche dem langjährigen Durchschnitt der letzten 20 Jahre und dürfte die Integrationsfähigkeit und -bereitschaft der deutschen Gesellschaft überfordern – es zu einer intensiven Ausschöpfung des deutschen Erwerbspersonenpotentials kommen muß und kommen wird. Konkret bedeutet dies, daß die ohnehin steigende Erwerbsbeteiligung der Frauen insbesondere über ein verstärktes Angebot an qualifizierten Industriearbeitsplätzen forciert werden wird und daß – unter der Vorraussetzung eines verbesserten Angebotes an altersgerechten Arbeitsplätzen – das Renteneintrittsalter nach hinten verschoben und über eine Verbesserung der Ausbildungszeiten das durchschnittliche Berufseintrittsalter (insbesondere für Akademiker) vorverlegt wird. Beide Maßnahmen zielen auf eine Verlängerung der durchschnittlichen Erwerbsphasen ab.

Vor dem Hintergrund dieser quantitativen und qualitativen Veränderung der Bevölkerungsentwicklung und des Erwerbspersonenpotentials sind nun die zeitlichen und inhaltlichen Dimensionen der Arbeit in ihrer Vielschichtigkeit zu diskutieren.

## Die Arbeitsinhalte der Zukunft

Technologische Entwicklungen, die sowohl das *Arbeits-* als auch das *Privat*leben beeinflussen, kommen immer breiter und schneller zum Einsatz und zwar sowohl hinsichtlich ihrer *Innovationszeit* als auch deren *Diffusionszeit*. Zur Prognose dieser technologisch bedingten Veränderungen der Arbeitsinhalte ist es zweckmäßig, zwischen *Fertigung* und *Büro* zu unterscheiden. d.h. es ist zu fragen, wie

– die Produktion bzw. Fabrik der Zukunft und wie

– das Büro der Zukunft aussehen werden.

# Fabrik der Zukunft

Um die technische Entwicklung im Fertigungsbereich besser bewerten zu können, ist es zweckmäßig, die drei Phasen *Mechanisierung, Automatisierung* und *Informatisierung* zu unterscheiden.

Bei der *Mechanisierung* wurden bzw. werden menschliche Arbeitsleistungen (im allgemeinen die menschliche Muskelkraft) durch externe, der Arbeitsaufgabe entsprechend organisierte „Energiequellen" ersetzt.

In der zweiten Stufe – der *Automatisierung* – wird nicht nur die menschliche Arbeit energetisch substituiert, sondern die Ausführung der Arbeit selbst, d.h. ihre zeitliche und räumliche Organisation wie auch Teile der Kontrolle, einer Maschine übertragen, und der Grad der Automatisierung läßt sich daran messen, wieviele Teilfunktionen und Entscheidungen vom Menschen und wieviel von den Maschinen wahrgenommen werden.

Betrachtet man vor diesem Hintergrund die Entwicklung der Produktionstechnik in unserem Jahrhundert, dann ist diese vom Einsatz der Dampfmaschine über die Entwicklung von mobilen Einzelantrieben bis hin zum Einsatz rechnergesteuerter Produktionssysteme durch eine zunehmende Flexibilität im Hinblick auf die Erfüllung unterschiedlicher Arbeitsaufgaben gekennzeichnet.

Hauptursache für die zunehmende Fertigungsflexibilität in den letzten Jahren ist die Mikroelektronik als Querschnittstechnologie, eine Universaltechnologie, die Fortschritte in anderen Technologiebereichen ermöglicht wie z.B. in den Verkehrs-, den Produktions-, Transport- und Lagertechniken, den Bearbeitungs- und Verfahrenstechniken sowie in den Informations- und Kommunikationstechniken. Daneben spielen aber auch Entwicklungen in den Material- und Werkstofftechniken oder in der Biotechnologie eine wichtige Rolle.

Die Fabrik der Zukunft wird durch einen noch breiteren Einsatz von Computern gekennzeichnet. CIM *(Computer Integrated Manufacturing)* steht für die Verbindung und Vernetzung verschiedener heute schon existierender Insellösungen, die als C-Techniken bekannt sind: CNC-Maschinen, CAD, CAE und CAM. Die Fabrik der Zukunft wird durch einen integrierten Einsatz von Rechnern in allen mit der Produktion zusammenhängenden Betriebsbereichen vom Entwurf eines Produktes über seine Herstellung bis zu übergreifenden Informationssystemen charakterisiert sein.

Die zunehmende Mechanisierung, Automatisierung und Informatisierung im Fertigungsbereich sind aus dem Blickwinkel des Arbeitenden ambivalent zu beurteilen. Denn zum einen führt sie bei bestimmten einfachen Tätigkeiten zu einer Entwertung von Arbeitsinhalten, während sie gleichzeitig eine Aufwertung anderer Tätigkeiten durch job enlargement und job enrichment beinhaltet, wie dies z. B. bei der Entwicklung und dem Einsatz von CNC-Maschinen zu beobachten war.

## Büro der Zukunft

Auch das Büro der Zukunft erfährt durch die elektonischen Medien, die eine Verknüpfung der Bürotechnik mit Datenverarbeitung und Kommunikationstechnik ermöglichen, neue Impulse. Die Bürokommunikation als Sammelbezeichnung für Technik, Organisation und Realisierung computergestützter Informationstechnik im Büro und die Telekommunikation als Transportweg nach außen werden die künftige Entwicklung dominieren.

Während heute noch Bildschirme, Terminals, Mikrocomputer und diverse andere Einzelgeräte – unverbunden – im Büro stehen und separat benutzt werden, geht die Entwicklung eindeutig zu Multifunktionsterminals. Dies sind vernetzte Arbeitsplatzsysteme, intelligente Telefone und Bildtelefone. Was CIM für die Fabrik ist, ist CIO *(Computer Integrated Office)* für das Büro der Zukunft. Je mehr sich die Bürotechnologien hin zu integrierten Systemen entwickeln, desto mehr nähert man sich dem Zustand, daß über einen (sogenannten) Multifunktions-Arbeitsplatz (d.h. über eine Tastatur und einen Bildschirm) die verschiedensten Informations- und Kommunikationsvorgänge gesteuert werden können. Ein solcher Arbeitsplatz ermöglicht

- die Abwicklung der Hauspost (electronic mail),
- den Anschluß an Bildschirmtext und Teletex-Netz,

- den Zugriff zu internen und externen Datenbanken,
- den Zugriff zum Personal Computer und
- zum Zentralcomputer (des jeweiligen Betriebs).

In diesen Kontext gehört auch die Telearbeit. Hierbei geht es vor allem um räumliche Verlegung bzw. Auslagerung computerbezogener Tätigkeiten. Dieser Prozeß wird sich in mehreren parallelen Varianten vollziehen:

(1) Es wird zu einer Auslagerung von Bildschirmarbeit aus den Zentralen in Filialen kommen.
(2) Es werden Satellitenbüros in der Nähe des Wohnortes der Arbeitnehmer entstehen.
(3) Es werden bestimmte Bildschirmarbeiten von den Unternehmen an andere selbständige Dienstleistungsunternehmen vergeben.
(4) In einigen Fällen wird der Arbeitsplatz von Mitarbeitern in ihre Wohnung verlegt werden (Tele-Heimarbeit).

Dabei ist nicht nur an eine Auslagerung von Schreibarbeiten gedacht, sondern auch und gerade an höherwertigere Tätigkeiten wie etwas Softwareentwicklung, Konstruktion, Vertrieb, Service oder Verwaltung.


## Veränderung beruflicher Strukturen

Neue Produktions- und Administrationsstrukturen bedingen auch immer neue Tätigkeitsfelder. Die Tätigkeitsart „Herstellen" zum Beispiel hat in Deutschland im Lauf der Jahre stark abgenommen. Nur noch 18,9 Prozent aller Erwerbstätigen waren 1991 direkt mit der Herstellung von Waren beschäftigt und „handgreiflich-manuell" an der industriellen Produktion beteiligt. Umgekehrt beschäftigen sich immer mehr Menschen mit Maschinenwartung, Leiten, Ausbilden und Informieren. Daraus läßt sich ableiten, daß in der Zukunft der Anteil höherwertiger und produktionsnaher Dienstleistungen am gesamten Tätigkeitsspektrum weiter und stärker als bisher steigen wird. Diese Auswirkungen auf die Berufsstrukturen lassen sich wie folgt skizzieren:

- Dominanz der Infrastruktur-, Verkaufs-/Vertriebs- und Verwaltungsaufgaben, die bei rund 55% der Erwerbstätigen im Mittelpunkt der tagtäglichen Arbeit stehen dürften. Insgesamt wird sich der Trend hin zu produktions- bzw. unternehmensbezogenen Dienstleistungen beschleunigt fortsetzen.
- Immer mehr Verrichtungen werden künftig in technische Systeme integriert. Dies kann zu einer größeren Komplexität der Arbeitsaufgaben führen, wobei die Arbeit insgesamt abstrakter wird. Der direkte Arbeitsvollzug am Produkt, an der Maschine tritt zurück zugunsten von Steuerungs- und Regelungstätigkeiten.
- Die Bedeutung der Handarbeit nimmt flächendeckend ab. An ihre Stelle tritt die Steuerung von Vorgängen mit Hilfe abstrakter Befehle, Zeichen und Symbole. Dies setzt bei den Arbeitskräften ein analysierendes, differenzierendes Denken sowie Denken in Prozeßabläufen und in übergreifenden Zusammenhängen voraus.
- Sowohl in Fertigung als auch in Verwaltungen eröffnen diese DV-Technologien neue organisatorische Möglichkeiten, wobei generell zu erwarten ist, daß traditionelle arbeitsteilige Muster überwunden und durch ganzheitliche Arbeitsplätze ersetzt werden.
- Instandhaltung und Wartung werden vereinfacht, denn ganze Baugruppen lassen sich komplett auswechseln. Damit verbunden ist der Einsatz neuartiger Meß-, Prüf- und Analysesysteme bis hin zum Einsatz von Expertensystemen und künstlicher Intelligenz. Dies wird zu einer Erweiterung von Erfahrungswissen führen.

## Auswirkungen auf den einzelnen Arbeitnehmer

Die modernen Techniken ersetzen in Produktion und Büro vorwiegend manuelle und repetitive Tätigkeiten, also Arbeiten, die sich wiederholen. Die im Gegenzug entstehenden neuen komplexeren Tätigkeiten verlangen erweiter-

44

te Fachkenntnisse, erhöhte Flexibilität und verstärkte Kooperation.

Aufgrund der technologischen Entwicklung wird daher zum einen die Kluft zwischen Ausbildungsqualifikation und Anforderungen der Arbeitsplätze häufig zu überschießenden Fertigkeiten in den Bereichen führen, in denen immer mehr Teilfunktionen auf die Maschinen übertragen werden können. Ferner eröffnen sich neue Möglichkeiten von Leistungskontrolle, Leistungsmessung und Überwachung. Zum anderen erhalten Arbeitnehmer neue Planungs- und Dispositionsspielräume. Vor allem bei Verringerung der Arbeitsteiligkeit werden nicht nur hohe Anforderungen an das Fachwissen, sondern auch an das Verhalten und die Einstellung der Mitarbeiter gestellt. Neue Arbeitstugenden sind gefragt; denn technische Veränderungen stellen im allgemeinen höhere Anforderungen an die Verantwortung, die geistige Beweglichkeit und an das Kreativvermögen. Methoden- und Sozialkompetenz erhalten einen höheren Stellenwert. Eine umfassendere Entscheidungskompetenz wird notwendig, denn selbst in hochentwickelten technischen Systemen können nicht alle auftretenden Varianten und Störfälle berücksichtigt werden. Von den Mitarbeitern werden besonders Flexibilität und Anpassungsfähigkeit sowie Lern- und Teamfähigkeit gefordert.

## Zeitliche Dimension von Arbeit

Der Trend der Wochenarbeitszeitverkürzung wird anhalten und zwar aus materiellen und immateriellen Gründen.

Als immaterielle Gründe sind insbesondere der Wertewandel und die damit verbundene Freizeitorientierung zu nennen. Denn generell wird der Arbeitnehmer der Zukunft neben materiellen Vergütungen – die im übrigen so gut wie nichts an Relevanz einbüßen werden – immer mehr immaterielle Anreize verlangen, sei es in Form eines höheren Maßes an Autonomie oder in Form von nicht-monetären Zuwendungen durch den Arbeitgeber wie etwa durch Schulungs-

45

und Fortbildungsmaßnahmen mit der Folge verbesserter Entwicklungschancen.

Neben einer Spaß- und Sinnorientierung auch während der Arbeit rückt insbesondere bei weniger qualifizierten Beschäftigten, die vorwiegend fremdbestimmte Tätigkeiten ausüben und keinerlei eigene Dispositions- und Gestaltungsmöglichkeiten haben (Arbeiter), die Freizeit als Mittel der Selbstverwirklichung in das Bewußtsein. Dies wird sich neben dem Wunsch nach kürzeren und flexibleren Arbeitszeiten auch und gerade darin äußern, daß der Freizeitwert einer Region oder einer Stadt zum größten Anreiz der regionalen und sektoralen Mobilität avanciert.

Aber auch der gestiegene und steigende materielle Wohlstand insbesondere bei Besserverdienenden und insbesondere (kinderlosen) Doppelverdienerhaushalten wird die Präferenzen für kürzere Wochenarbeitszeiten erhöhen, nicht zuletzt da sich diese Personen bei einem rigiden Progressionstarif in der Einkommensteuer einem sinkenden Grenznutzen zusätzlicher Arbeitszeit gegenübersehen, so daß hier eine Bereitschaft zur Arbeitszeitverkürzung auch ohne vollen Lohnausgleich bestehen dürfte (Substitutionseffekt der Besteuerung).

Zudem dürfte sich der materielle Wohlstand vieler Familien durch die zur Zeit schon einsetzende Vererbungswelle deutlich erhöhen, so daß der soeben veschriebene Wertewandel bei der Einstellung zur Arbeit noch verstärkt wird. Die Mehrzahl der Erben wird sich bei der derzeitigen allgemeinen Lebenserwartung vor allem aus der Altersgruppe beruflich etablierter und weitgehend saturierter 50jähriger rekrutieren.

Neben dem Trend einer weiteren Verkürzung der Wochenarbeitszeit wird allerdings – nicht zuletzt aus den eingangs beschriebenen Verwerfungen – eine Verlängerung der Lebensarbeitszeit notwendig und damit wahrscheinlich werden; und zwar im wesentlichen aus den folgenden zwei Gründen:

1. Es muß – will man das erreichte Wohlfahrtsniveau nicht gefährden – die demographisch bedingte Erwerbspersonenpotentialreduktion zumindest teilweise kompensiert werden. Da – unter der realistischen Prämisse, daß es zu keinem roll back zu den traditionellen puritanischen

46

Arbeitstugenden kommt –, zudem weitere Wochenarbeitszeitverkürzungen zu erwarten sind, ist eine Verlängerung der Lebensarbeitszeit auch vor dem Hintergrund einer stetig steigenden Lebenserwartung verbunden mit einem steigenden Gesundheitsgrad sehr wahrscheinlich. Es muß nämlich auch beachtet werden, daß das tatsächliche Renteneintrittsalter mehrere Jahre unter dem gesetzlichen liegt. (Wie allerdings die Rahmenbedingungen gestaltet werden müssen, damit die „50jährigen Erben" trotz ihrer materiellen Wohlstandssteigerung zu einem längeren Erwerbsleben bewegt werden können, ist zur Zeit noch unklar.)

2. Aber auch aus Gründen der Erhaltung und Steigerung (internationaler) Wettbewerbsfähigkeit der deutschen Wirtschaft muß den Arbeitgebern daran gelegen sein, ihre Mitarbeiter länger als bisher im Unternehmen zu halten, da sie über Jahre hinweg Humankapital bei ihren Mitarbeitern gebildet haben, zumal diese Investitionen in das Humankapital aufgrund der immer schnelleren Reduzierung der „Halbwertzeit des Wissens" durch lebenslange Weiterbildungsmaßnahmen zunehmen werden. Durch eine frühe Verrentung werden und würden große Teile dieses Humankapitals (zumindest aus Unternehmenssicht) vergeudet. Vor dem Hintergrund der demographischen Entwicklung wäre dies eine Verschwendung des knappen Produktionsfaktors „qualifizierte Arbeit".


## Chronologische Arbeitszeitdimension

Würde man die zumindest bei uns zur Zeit noch vorherrschende recht enge Kopplung von Arbeitszeit und Betriebslaufzeit in die Zukunft fortschreiben, so würden sich ceteris paribus bei einer weiteren Verkürzung der wöchentlichen Arbeitszeiten die Betriebslaufzeiten ebenfalls verkürzen. Dieses wäre jedoch aufgrund der ohnehin – insbesondere technologisch – gefährdeten internationalen Wettbewerbsfähigkeit ökonomisch nicht zu verantworten. Denn erstens ist bereits heute die Zahl der effektiv geleisteten Arbeitszeit je Arbeitnehmer mit ca. 1600 Stunden deutlich niedriger als die von Japan (ca. 2100) oder USA (ca. 2000). Zweitens geht die Implementation des technischen Fortschritts mit einer Steigerung der Kapitalintensität einher. So kostet heute – nach einer Verdopplung innerhalb der letzten 15 Jahre – ein Arbeitsplatz im verarbeitenden Gewerbe im Durchschnitt über 200 000 DM (bei einer Schwankungsbreite zwischen 80 000 und 900 000 DM). Bei unveränderten Betriebslaufzeiten würde dies eine Verlängerung des return on investment bedeuten, sprich eine Verlängerung der Amortisationsperiode bedingen. Berücksichtigt man drittens, daß die Arbeitskosten (als Summe aus Stundenlöhnen und Personalzusatzkosten) mit DM 40,48 im internationalen Vergleich (z.B.: USA: DM 25,57; Japan: DM 29,63) die Spitzenposition einnehmen, so wird deutlich, daß zukünftig jede chronometrische Arbeitszeitverkürzung aus betriebswirtschaftlichen Gründen mit chronologischen Arbeitszeitmaßnahmen verknüpft werden muß.

Daß die Bundesrepublik – glücklicherweise – das Land mit den höchsten Löhnen, den kürzesten Arbeitszeiten und dem dichtesten sozialen Sicherungsnetz der Welt ist, resultiert aus der sehr hohen Arbeitsproduktivität als Folge der zügigen Umsetzung von Prozeß- und Produktinnovationen. Das hohe Maß an prozeß- und produktinnovativem Fortschritt war, ist und wird die wichtigste Quelle unseres materiellen Wohlstandes bleiben. Und die zeitliche Organisation der Arbeit wird entscheidend für die Erhaltung dieser Wohlstandsquelle sein.

Neben der typisch „chronologischen" Maßnahme der „Gleitzeit" (unveränderte Gesamtdauer der Arbeitszeit bei veränderbarer Lage) werden sich – aufgrund ökonomischer Sachzwänge – Flexibilisierungsmodelle wie Teilzeitarbeit, Sabbaticals, kapazitätsorientierte variable Arbeitszeit, Cafeteria-Systeme, schwingende Arbeitswoche noch ausbreiten, um individuell kurze wöchentliche Arbeitszeiten mit betriebswirtschaftlich notwendigen langen und verlängerten Betriebslaufzeiten zu versöhnen.

Es wird aber nicht nur im verarbeitenden Gewerbe zur Verlängerung der Maschinenlaufzeit mit einer Ausdehnung der betrieblichen Arbeitszeit kommen. Dies wird auch im administrativen Bereich und im Dienstleistungsbereich der

48

Univ.
Bibliothek
Bielefeld

Fall sein, mit der Folge, daß die in einigen Betrieben bereits auf 9.00 bis 15.00 Uhr geschrumpfte Kernarbeitszeit wieder deutlich steigen wird und daß in 10 Jahren der Samstag für alle Arbeitnehmer wieder ein ganz normaler Arbeitstag sein wird. Dies auch deshalb, da es sich ein weltweit agierendes Unternehmen aufgrund der globalen Telekommunikationsmöglichkeiten immer weniger wird leisten können, nur zu bestimmten Tageszeiten für An- und Rückfragen ihrer Kunden(z. B. aus Fernost) zur Verfügung zu stehen.

Bereits heute ist aber noch ein anderer Trend zur Rationalisierung durch Flexibilisierung zu verzeichnen, ein Trend, der sich allerdings nicht in Betriebsvereinbarungen oder Tarifverträgen für die Stammbelegschaft bzw. regulär Beschäftigte dokumentiert, sondern in einer Externalisierung von Betriebsfunktionen auf Leiharbeitskräfte, die Beauftragung von Subunternehmen oder die Vergabe von Arbeiten auf der Basis von Werkverträgen (d.h. an formal „Selbständige").

Wenn sich aufgrund der offensichtlichen einzelwirtschaftlichen (Kosten-) Vorteile diese Beschäftigungsformen verstärkt durchsetzen, ist es allerdings aus gesamtwirtschaftlicher Sicht erforderlich, die damit verbundenen langfristigen sozialpolitischen Risiken abzusichern, die durch Umgehung bzw. Aushöhlung der Sozialversicherungspflicht für den einzelnen Arbeitnehmer und für die Versichertengemeinschaft entstehen können. „Neue Selbständige" besitzen im allgemeinen keine ausreichende Absicherung für den Fall der Arbeitslosigkeit oder im Krankheitsfall; es steigt das Risiko von Altersarmut aufgrund von „atypischen" Erwerbsbiographien, denn unsere Sozialversicherung basiert auf der Annahme, daß die Mehrzahl der Arbeitnehmer über 40 Jahre in einem normalen Arbeitsverhältnis arbeiten. Arbeitszeitregelungen, Arbeitsschutzbestimmungen, Mitbestimmung, etc. sind für viele dieser neuen Arbeitsformen (noch) nicht institutionalisiert.


## Fazit

Die Arbeit der Zukunft wird inhaltlich qualifizierter, komplexer und informationsverarbeitungsorientierter. Diese geänderten Arbeitsinhalte werden von einer „weiblicher", „älter", „kleiner" und „ausländischer" werdenden Erwerbsbevölkerung, in weniger wöchentlichen Arbeitsstunden, aber bei einer längeren Lebensarbeitszeit und in flexibleren, mehr als bislang auf die individuellen und betriebstypischen Erfordernisse ausgerichteten, Organisationsformen ausgeführt werden.

Fest steht ferner, daß die Zukunft der Arbeit nicht mehr durch unsere gegenwärtige „Zeitkultur des freien Wochenendes" und die Dominanz des „Normalarbeitsverhältnisses" der arbeitsrechtlichen Basis des „erfüllten Arbeitslebens" gekennzeichnet wird.

THOMAS ZIEHE

# Das Kleinarbeiten von Kontingenz

## Über die unsichtbare Arbeit von Schülern und Lehrern

Schule hat mit Arbeit und Sinn viel zu tun. Arbeit besteht ja nicht nur in gegenständlicher Produktbearbeitung, sondern auch in symbolischen Produktionen. Und der Arbeitsbegriff meint ja nicht nur Erwerbsarbeit, sondern auch andere gesellschaftlich vermittelte Tätigkeiten. „Pädagogik" ist – als Erziehungsarbeit, als Bildung, Ausbildung und Fortbildung – ein mittlerweile umfangreicher Sektor gesellschaftlich notwendiger Arbeit: „Schulische Pädagogik" ist ein Arbeitsplatz für die Erwerbsarbeit der Pädagogen, ein Arbeitsort für die Lernarbeit von Kindern und Jugendlichen; und sie bezieht sich schließlich auf eine biographische Phase, die jeglicher späteren Erwerbsarbeit (oder Arbeitslosigkeit) der Schüler und Schülerinnen vorausgeht.

Schule ist auch von der Frage nach dem Sinn zentral betroffen. Es gibt Sinnfragen, die sich aus der heute etablierten Dauerbeobachtung des Bildungssystems durch die Gesellschaft ergeben und die in die Vielzahl öffentlicher Schul-Diskurse einfließen. Und es gibt Sinnfragen, die aus der Selbstbeobachtung der Beteiligten resultieren und die in die subjektiven Wirklichkeitsmodelle von Schülern und Pädagogen eingehen. Beides trägt zum Aufkommen und zum immer erneuten Verschleiß von Semantiken bei, die die Schule beschreiben, definieren und bewerten. Auf diese Weise etabliert sich eine Routine des programmatischen Schul-Diskurses (insbesondere darüber, wo die Schule versage und was sie eigentlich zu leisten habe). Es entsteht aber ebenso eine Routine der Schulkritik, die vehement zu führen heute nur noch geringer intellektueller Originalität bedarf. Wir kennen all dies längst, und es geht geläufig von den Lippen: Forderungen nach pädagogischer Verteilungsgerechtigkeit; Forderungen nach Fortfall erschwerender Arbeitsbedingungen;

51

Forderungen, schulische Arbeit mit den je brennendsten makrogesellschaftlichen Zielen zu verkoppeln, sei es mit Ökologie, mit Frieden oder, wie nach den jüngsten ausländerfeindlichen Exzessen, mit Multikulturalität.

Gleichzeitig, und gegenläufig, sind wir durch eine systemtheoretisch informierte Schulforschung vor allzu naiven Kausalitätsannahmen gewarnt. Das Bildungssystem, erinnern uns die Bildungsforscher, ist kein Makrosubjekt, das wirklich etwas 'will' oder 'kann', sondern ein Gestrüpp von schwer zu koordinierenden Eigengesetzlichkeiten. Und die Zielvorgaben, die makrogesellschaftlich eingefordert werden, sacken, wenn sie einmal zentral angeordnet sind, nicht von oben nach unten unverändert durch, sondern es ergeht ihnen wie auf einem Dienstweg – der Eigensinn jeder Durchgangsebene verändert die konkrete Realisierung oft bis zur Unkenntlichkeit.

Hinzu kommen, um die Unübersichtlichkeit komplett zu machen, zwei Entkoppelungsvorgänge: Die Bildungswege und -abschlüsse entkoppeln sich zunehmend von später wirklich erreichbaren Berufspositionen. Und die subjektiven Motive, die in Lernarbeit, oder in die Arbeit des Nichtlernens, eingehen, haben einen Eigensinn, der zu den diversen Funktionsbestimmungen für das Bildungssystem nur noch bedingt paßt.

Dies zusammengenommen hat u.a. den Effekt einer Vielzahl von gleichzeitig operierenden Semantiken, die sich nur noch eingeschränkt aufeinander beziehen lassen – Semantiken der offiziellen Schul-Diskurse, Semantiken der Schüler und der Lehrer, wenn sie über Schule reden, Semantiken der Wissenschaftler, wenn sie darüber reden, wie Schüler, Lehrer oder Medien über Schule reden... – Ich will meine Gedanken hierzu in vier Schritte unterteilen.

## 1. Subjektivierung und Verzeitlichung – ein Normalanspruch

Ein jeder erfährt heutzutage, und das beginnt in der Kindheit und Jugend, die gesellschaftliche Aufforderung, sich selbst individualisieren zu sollen. Man muß lernen, wie

Niklas Luhmann es ausgedrückt hat, sich selbst von den sozialen Anforderungen noch einmal zu unterscheiden. Ein Überschuß an Identitätsdarstellung, der über die Konformität mit Rollenerwartungen hinausgeht, gehört heutzutage zum ganz normalen Erwartungsprofil (und spielt z.B. bei vielen beruflichen Bewerbungsgesprächen bereits eine Schlüsselrolle). Diese Erwartung an einen Überschuß muß ich aber selbst subjektiv ausfüllen, und dies ist eine beträchtliche Anforderung. Den klassischen Leidenshorizont der Pubertät, wie er früher normal war, könnte man mit den Worten umschreiben: „Alle sind sie gegen mich" und „Ich darf ja nichts". Dies trifft nun durchaus nicht mehr die heutige Konstellation. Heute heißt es eher: „Ich muß etwas aus meinem Leben machen"; nicht „Alle sind sie gegen mich", sondern: „Alle erwarten etwas von mir". Dieser 'moderne' Leidenshorizont findet seine krisenhafte Zuspitzung vermutlich nicht so sehr in der Adoleszenz, sondern im jungen Erwachsenenalter, wenn die pubertäre Logik, eigene Fortschritte quasi 'automatisch' mit dem Älterwerden zu erwarten, nicht mehr greift. Dies nenne ich den Normalanspruch, durch den alle gewissermaßen hindurchmüssen.

Und dies hat natürlich mit dem Verhältnis zur Zukunft zu tun. Denn jeder Jugendliche steht nicht nur vor der Frage zureichender Identitätsdarstellungen, sondern auch vor der Frage funktionaler Anforderungen, die die Zukunft einmal an ihn oder sie stellen wird. Schule, und die weitere Ausbildung, dient dann dem Erwerb von Fähigkeiten für heute noch nicht feststehende Zwecke. Die Realisierbarkeit eigener Erwartungen und Zielsetzungen in der Zukunft ist weitgehend offen. Und deshalb sind auch die Folgen heutiger Festlegungen oder Entscheidungen unabsehbar. Im Grunde kann man allenfalls empfehlen, so zu entscheiden, daß sich möglichst die Folgeoptionen vermehren, also so zu wählen, daß die Wahlmöglichkeiten offenbleiben. Anders ausgedrückt, was vielleicht planbar ist, ist eine schrittweise Verminderung späterer negativer Unwahrscheinlichkeiten. Was vielleicht erreichbar ist, sind Konstellationen, in denen sich günstige biografische Zufälle ereignen könnten. Es ist ganz und gar nicht einfach, eine solche flexible, zukunftsunabgesicherte Handlungsstrategie biografisch in plausible Selbstbeschreibungen zu bringen. Jedenfalls steht die Präsenz solcher Ansprüche aus einer nicht absehbaren Zukunft in Spannung zu den Lebensformbedürfnissen nach gelebter Gegenwart. Der Verzeitlichungsdruck treibt auf schwer faßliche Weise an, und gleichzeitig gibt es für viele ein alltägliches Lebensgefühl von zähem Zeitbrei. Die spontane Freudefähigkeit, die wir doch so unbesehen eher der Jugend zuschreiben, ist da gar nicht so leicht zu bewahren.

## 2. Die unsichtbare Arbeit der Schüler

Die Schule ist mittlerweile im Zuge tiefgreifender Modernisierungsprozesse zu einer nachkonventionellen Institution geworden. Nachkonventionell heißt nicht, sie sei besonders originell, sondern heißt, Schule ist erfahrbar als eine hergestellte Wirklichkeit. Die letzten Reste einer sakral-schicksalhaften Aura sind verdampft, Schule ist entzaubert zur durchsichtigen Normalität. Schule ist für jeden, der es will, befragbar und bezweifelbar geworden. Das schafft nicht unbedingt ein subjektives Freiheitsgefühl, sondern eher eines der Kontingenz, gepaart mit eigener Trivialisierung. „Alles könnte anders sein, nur ich kann (fast) nichts ändern."(N. Luhmann)

Die Schüler sind genötigt, solche Kontingenz im schulischen Alltag, in hunderten und tausenden von schulischen Episoden, gleichsam kleinzuarbeiten. Man muß etwas daraus machen, und wo es geht, die Schule auch für eigene subjektiv gesetzte Zwecke nutzen. So ist Schule in nicht geringem Maße erst einmal ein Massen-Treff für die peer group. Im O-Ton eines Schülers ausgedrückt: „Schule ist geil, nur der Unterricht nervt." Schule kann auch Bedeutung haben für das Vermeiden der außerschulischen Öde, die es ja wahrhaftig auch gibt. Durchaus nicht alle Schüler leiden, wenn die Ferien wieder zuende sind, für etliche ist es auch das Ende zähester Langeweile.

Die erwähnte Kontingenz – daß alles immer auch anders sein könnte – geht auch ein in die Selbstbeobachtung der Schüler. Auch mein eigener Zustand könnte jeweils anders sein. Das erhöht die Ambivalenzen der Selbstwahrnehmung. „Ich glaub', ich bin wieder unmotiviert", sagt eine Elfjährige halblaut vor sich hin. Eben dies ist die unsichtbare Arbeit der Schüler: Es ist ein ständiges Umgehen-Müssen mit der Vielfalt eigener Vorbehalte. Im Zeichen von Kontingenz und Selbstbeobachtung weiß ich weit besser, was ich alles nicht will, als, was ich will.

Und damit sind wir wieder bei der Verletzlichkeit des Sinns. Nicht die Schule ist sinnloser als früher – schon ein oberflächlicher Einblick in die repressive und repititive Paukpraxis der 'alten Schule' würde diese Annahme schnell widerlegen. Nein, die semantischen und selbstreferentiellen Möglichkeiten, Sinn zu vermissen, haben zugenommen. Und zugenommen hat die Neigung, dem, was vermißt und mitunter auch gesucht wird, eine verkürzende Umdefinition zu geben. 'Sinn' wird dann erwartet und eingeklagt nicht als erst zu erarbeitender Zusammenhang, sondern als rasche und umweglose Anschließbarkeit an die eigenen mentalen Gewohnheiten.

Ich möchte drei solche Verkürzungen einmal anführen. Es sind, wie ich meine, typische Prädispositionen, die zunächst einmal aus dem habitualisierten Sinnzweifel erwachsen und die sicherlich auch der berechtigten Abwehr von Fremdbestimmung durch die Lehrer dienen. Aber nach meinem Eindruck können hieraus auch verfängliche Rezeptionsfilter werden, die bereits die Möglichkeit der Entstehung von Leidenschaft im Umgang mit Unterrichtsinhalten erschweren. Deshalb nenne ich diese Prädispositionen 'Fallen'.

Aus der Gewöhnung an eine mediale und lebensweltliche Dauerpräsenz von Themen und Bildern erwächst eine Abgeklärtheitsfalle. Sie besteht in der Dauerfrage an den bemühten Lehrer: „Und was soll daran neu sein?"- Aus der Gewöhnung an weitgehende Informalisierung und Veralltäglichung erwächst ein vermehrter Unwille, Evidenzaufschübe zu ertragen; dies ist die Plausibilitätsfalle. Sie besteht in der Dauerfrage an den Lehrer: „Was kommt denn am Schluß bei raus?"- Und aus der Erfahrung der vielen sich voneinander entfernenden, generationellen und bereichsspezifischen Sprachspiele erwächst eine Fixierung auf die Eigenperspektive. Dies nenne ich die Betroffenheitsfalle. Sie besteht in der Dauerfrage: „Was hat denn das mit mir zu tun?"-

Ich führe diese 'Fallen', die ich hier natürlich stilisiert habe, nicht an, um die Schüler im Namen einer angeblich besseren schulischen Tradition kulturkritisch zu schelten. Denn nach meiner Erfahrung leiden die Schüler selbst am Entzug der Möglichkeiten der Selbstfreude, der mit der Festlegung auf solche Vorbehalte verbunden ist. Es legt sich ein Grauschleier des Erlebens über den schulischen Alltag (aber nicht nur über den schulischen).

## 3. Die unsichtbare Arbeit der Lehrer

Auch die Lehrer und Lehrerinnen sind in ihrer schulischen Rolle mehrfach in die Modernisierung von Schule verwickelt, und damit umzugehen stellt ihre Form der unsichtbaren Arbeit dar.

Auch sie sind in die nun zutage getretene Kontingenz der Schule einbezogen. Sie haben einen 'ganz normalen' Beruf. Es ist kein Geheimnis mehr da, ein jeder kann hinter den Vorhang ihrer Tätigkeit schauen. So fragt eine Oberstufenschülerin in eine Unterrichtssequenz hinein: „Warum haben Sie jetzt eigentlich diese Methode gewählt?"

Lehrer sind miteinbezogen in die Informalisierung der Interaktionsformen. Im Rücken ihrer Arbeit gibt es keine 'Deckung' mehr durch autoritative Normen, Rollenerwartungen und Selbstbilder. Diese wurden im Kontext der traditionellen Schule zwar immer wieder geradezu methodisch bekämpft oder mit sogenannten Streichen lächerlich gemacht, aber das führte nie zum grundsätzlichen Infragestellen der Rollenkonstellation, sondern war sogar integraler Bestandteil der Normalitätserwartung. (Und noch der heute recht betulich wirkende Film „Feuerzangenbowle" gibt einen Aufschein der libidinösen Bezogenheit, mit der die beiden Parteien sich bekämpfen)

Keine solche Deckung mehr zu haben ist gleichmaßen Freiheitsgewinn und Anstrengungszuwachs. Die 'neue Lehrerin', wenn ich sie einmal idealtypisch so nennen darf, ist nicht mehr eine Repräsentantin kultureller Tradition, die

56

sie lediglich durch fachdidaktische Kompetenz zu verlängern hat. Sondern die 'neue Lehrerin' muß allererst das Zustandekommen von Lernsituationen produzieren und sichern. Ihr Arbeitsplatz, wollte man ein Belastungsprofil entwerfen, ist in erster Linie gekennzeichnet durch erheblichen Lärmpegel, durch Gleichzeitigkeitszwang und durch Unterbrechungspermanenz. (Die Arbeitssituation einer Chefsekretärin mit drei Durchgangstüren und zwei Telefonen ist damit verglichen nachgerade übersichtlich...)

Aber diese Belastung könnte mit Fug und Recht noch als sichtbare Arbeit qualifiziert werden. Was eher zum unsichtbaren und gleich wohl anstrengenden Arbeitsanteil gehört, ist der unablässige Aufwand der Lehrerin, alles was sie tut, im gleichen Zuge auch noch plausibilisieren zu müssen. Das heißt, sie arbeitet und wirbt für die Anerkennung von Selbstverständlichkeitszonen. Sie ist verwickelt in Deutungsverhandlungen und Deutungskämpfe, mit dem Ziel, Regeln für das Richtige so einsichtig zu machen, daß sie nicht jedesmal erneut zur Disposition stehen. Sie versucht, nicht jedesmal wieder am 0-Punkt anfangen zu müssen. Diese Arbeit ist nicht fachdidaktischer Art, sondern weit grundsätzlicher, es ist Arbeit an den Grundlagen, es ist Kulturalisierungsarbeit.

Und eine weitere Facette der unsichtbaren Arbeit erwächst aus der Subjektivierung schulischer Interaktionskontexte. Der Gegenkontext hierzu – die Bürokratisierung und Verapparatung schulischer Systeme nach dem Vorbild von Großbehörden – ist bekannt, dies brauche ich nicht weiter zu schildern. Aber eben diese Verapparatung erzeugt bei den Schülern die Erwartung, in der Lehrerin ein entsprechendes Gegengewicht zu finden. Und so wollen einige Schüler sie als wärmespendende Nähegarantin für sich haben. Die Glaubwürdigkeits- und Sympathieansprüche, die die Lehrerin an sich gestellt sieht, wachsen hierdurch erheblich.

Gleichzeitig ist dies aber auch eine Chance. Denn „gemocht" zu werden stellt andererseits für beide Seiten ein nicht unbeachtliches Motivationsvehikel dar, bis hin zu dem Phänomen, daß es Schüler gibt, die sich aus reinem Mitgefühl mit der Lehrerin am Unterrichtsgespräch beteiligen. Ganz ohne Ironie gesagt: es liegt in der Tat eine, wenn nicht die, Chance für hochproduktive Zusammenarbeit in einer solchen von Sympathie getragenen Konstellation. Solange man „sich mag", schafft diese Konstellation Toleranz für Zumutungen und für Ungewohntes und ist vermutlich dem Kontext der 'alten Schule' in dieser Hinsicht überlegen. Aber, das sollte nicht verschwiegen werden, eine solche Konstellation ist verwundbar. Bei Sympathieentzug durch die Schüler droht die Blockade. Und so bleibt auch hier die Lehrerin auf fortdauernde unsichtbare Arbeit angewiesen: Sie leistet neben der eben angeführten Kulturalisierungs-arbeit auch noch Beziehungsarbeit.

Ich hoffe, ich kann mit meinen Ausführungen plausibel machen, daß die unsichtbare Arbeit der Lehrer auf einer Ebene liegt, die man prä- und subdidaktisch nennen könnte. Es dürfte nicht schwer sein, Zusammenhänge zu finden zwischen dieser ganz spezifischen Anstrengung und dem bekannten Burn-out-Syndrom von Lehrern und Erziehern. Auch hier zeigen die Schüler indessen durchaus Fertigkeiten der Kontingenzbeobachtung. Es kommt vor, daß sie die Lehrerin mitfühlend – mitten in die Krisensituation hinein – fragen: „Warum haben Sie eigentlich diesen Beruf gewählt?"

## 4. Routine und Intensität

Wir haben es also im Kontext einer nachkonventionellen Schule mit zweierlei Art von unsichtbarer Arbeit zu tun, mit der von Schülern und der von Lehrern. Eine falsche Konsequenz wäre es meines Erachtens, auf diese Kon-stellation immer wieder erneut mit forcierten Zielbestim-mungen für Unterricht und Schule zu reagieren. 'Ziele' und auf sie hinweisende 'Zielsprachen' gibt es bereits genügend.

Statt neuer Ziele, die wir uns und den anderen vor Augen führen, schlage ich zwei Vorstellungsbilder vor, die wir gleichsam im Rücken haben und die unsere Praxis anleiten können.

Das eine Bild beinhaltet den Aspekt einer unver-meidlichen schulischen Routine, wenngleich einer nachtra-ditionalen Routine, also einer in Kontingenz. Schule be-greift sich in diesem Bild als Institution, nicht als

58

pädagogische Quasi-Familie. Lehrer wie Schüler nehmen 'professionelle' Rollen wahr. Auch in einem idealisierten Bild solcher Institution wird nicht Gemeinschaft gegen Gesellschaft eingeklagt, wird keine Sehnsucht nach vormoderner Sinn- und Gruppengeschlossenheit vorgezogen. Es ist, um eine Metapher zu benutzen, ein Bild pädagogischer Urbanität, in das sowohl Mitgestaltungsrechte eingeschlossen sind als auch Distanzierungs- und Enthaltungsrechte für beide Seiten.

Das zweite Bild beinhaltet immerhin mögliche (oder zumindest institutionell nicht von vorneherein ausgeschlossene) Situationen produktiver Ausnahmen. Ich will sie, ebenfalls metaphorisch, als Inseln der Intensität bezeichnen, Inseln der Intensität in einem Meer der Routine. Auf solchen Inseln, wenn sie sich denn einstellen, kann man für eine gewisse Zeit einmal vergessen, in der Schule zu sein.

Noch einmal, dies sind nicht Ziele für die Schule in einem herkömmlichen Sinne, dies sind keine direkt ansteuerbaren Zustände. Sondern es sind aufmerksamkeitsleitende Bilder, die, wenn sie praktisch umgesetzt werden, als fördernde Kontexte wirken könnten.

Drei Komponenten, die in solchen fördernden Kontexten enthalten sein sollten, möchte ich abschließend noch nennen; Komponenten, die aus Mangelerfahrungen hervorgehen und auf die sich durchaus auch Sehnsüchte der Schüler richten. Erstens, eigene Leidenschaft für einen – und sei es nur einen! – Gegenstands- bzw. Aktivitätsbereich zu entdecken; zweitens, 'kleine Öffentlichkeiten' aufbauen zu können, mit denen nach außen etwas gezeigt werden kann und in denen nach innen ein jeder auf Resonanz treffen kann; drittens, Selbstwertstützen zu erleben, die eine Erfahrung von Angenommenheit und Anerkennung vermitteln.

Solche Komponenten richten sich, wie gesagt, auf Mangelerfahrungen und Sehnsüchte. Sie sind gleichwohl, das muß hinzugefügt werden, durchaus ambivalent, weil sie auch Anforderungscharakter in sich tragen. Und so ist es unvermeidlich, daß die Gegenstandsbereiche auch als bedrohlich erscheinen, weil sie sich 'wie ein Berg' vor mir aufbauen; daß die kleinen Öffentlichkeiten Angst in mir wecken, mich vor anderen exponieren zu sollen; und daß die

Selbstwertstützen von mir nicht wahrgenommen werden, weil meine Anfälligkeit für Schamerlebnisse höher ist.- Der Lehrer kann in diesen innersubjektiven Ambivalenzen der Schüler durchaus Partei ergreifen, er kann sich als Opponent gegen die Versuchungen der kurzen Wege erweisen, gegen den immergleichen Vorrang der Ängste. Er kann also dazu gut sein, kleine Schubse zu geben.

Die geläufige Generalfrage an die Schule lautet: Was für Schüler braucht die Gesellschaft? Und: Was brauchen die Schüler für das Leben? Ich meine, beide Fragen bergen die Gefahr einer funktionalistischen Verengung in sich. Deshalb sollten wir besser fragen: Worauf hat ein jeder ein Recht, obgleich sie (oder er) es in diesem engen Sinne nicht 'braucht'? Eine so gestellte Frage ist nicht mehr beantwortbar über ein funktionales Zusammenspannen von Schule mit der (zukünftigen) Lebenswirklichkeit der Erwachsenen oder mit dem System der Erwerbsarbeit. Beides ist steuerungstechnisch nicht machbar und normativ auch gar nicht erstrebenswert. Es handelt sich bei solchen Bildungsprozessen, kurz gesagt, um eine unverzichtbare Funktionalität der Nicht-Funktionalität. Die Arbeit der Schule sinnvoll zu füllen kann gerade nicht einer Logik der Vorwegnahme folgen. In Bildungsprozessen ist 'Vorbereitung' eben nicht Vorwegnahme! Denn es gilt, die Potentiale der jeweiligen Gegenwart zu nutzen; dabei wird die Verzeitlichung, die die Moderne uns abfordert, mitnichten geleugnet, aber die Gegenwart wird ihr auch nicht geopfert.

JÜRGEN HEINICHEN
# Arbeit und Arbeitslosigkeit

## Erfahrungen mit Betroffenen

## I.

Mit der Arbeit ist es wie mit vielen Dingen im Leben: Erst wenn man sie verloren hat, weiß man ihren Wert zu schätzen:

Will man Arbeitslosigkeit in ihrer Bedeutung für den einzelnen ermessen, muß man sich zuvor darüber klar werden, welchen Sinn die Arbeit für ihn gehabt hat. Das ist keine einfach zu beantwortende Frage: Ein junger Mensch wird möglicherweise darüber anders denken als ein alter, eine Frau vielleicht anders als ein Mann, und ganz sicher beurteilt sich der Stellenwert der Arbeit im Leben des Menschen auch danach, wie sehr sie es ihm erlaubt hat, sich selbst in ihr wiederzufinden.

Über wenig Dinge gibt es deshalb auch so viel Widersprüchliches zu hören wie über die Arbeit: Ist sie eine Last oder eine Lust – oder gar beides? „Mit Arbeit versaut man sich das ganze Leben", konnte ich so oder in ähnlicher Form an den Ausbildungsplätzen unserer Lehrlinge lesen –„ ... und wenn es köstlich war, dann ist es Mühe und Arbeit gewesen ... " läßt sich der Psalmensänger (90. Psalm) in der Lutherschen Übersetzung vernehmen.

Ist die Einstellung zur Arbeit mithin eine Frage des Lebensalters oder ist sie nur aus der jeweiligen Gesellschaft heraus zu beantworten?

Eine eindeutige Antwort auf diese offenen Fragen werde ich Ihnen schuldig bleiben. Stattdessen werde ich versuchen, anhand meiner Beobachtungen darzustellen, wie Arbeit häufig empfunden wird, was sie gesellschaftlich bewirkt, und zu welchen psychischen und sozialen Belastungen Arbeitslosigkeit häufig führt.

Diese Beobachtungen beruhen auf einer nahezu dreißigjährigen Tätigkeit als Personalleiter in Wirtschaftsunternehmen und auf meiner Beratertätigkeit, die ich seit eineinhalb Jahren ausübe. Ein Schwerpunkt meiner heutigen Arbeit besteht darin, Führungskräfte bei ihrer beruflichen Neuorientierung zu beraten, wenn ihnen ihr Unternehmen gekündigt hat.

## II.

Arbeit bedeutet in sozialer Hinsicht, einen Platz in der Gemeinschaft und damit einen persönlichen Stellenwert zu haben. Es ist auch nicht gleichgültig, bei welchem Unternehmen man arbeitet, und welche Funktion man dort ausübt.

Verwandte, Freunde, Nachbarn schätzen einen danach ein – und wer wäre bei seiner Selbsteinschätzung frei von diesem Fremdurteil?

Auch die Dauer der Berufsjahre, die ein Mensch in *einem* Unternehmen verbracht hat, wird sehr wohl beachtet: Je länger sie ist, umso mehr Solidität und Kreditwürdigkeit werden ihm zugesprochen. Jubiläumsnadeln werden wohl deshalb nicht selten wie ein Orden getragen.

Klangvolle Unternehmensnamen schließlich strahlen auf deren Mitarbeiter ab – nicht ohne einen gewissen Stolz bezeichnet man sich bspw. als einen „Boschianer" und gibt damit ein Zugehörigkeitsgefühl zu erkennen. Zwar gibt es längst nicht mehr die patriarchalisch geformte Betriebsfamilie, aber auch heute noch fühlen Mitarbeiter sich für „ihr" Unternehmen verantwortlich und in ihm „zuhause". Berufliches Fortkommen gilt weiterhin als sozialer Lebenserfolg.

Das führt uns zu einem weiteren soziologischen Aspekt: Arbeitsprozesse führen bekanntlich immer zu einem sozialen Beziehungsnetz, in dem die Gruppe dem Einzelnen seinen Platz zuweist. Auch damit läßt Arbeit ein soziales Selbstwertgefühl entstehen, das z.B. bereits dann tangiert wird, wenn eine Mitarbeiterin/ein Mitarbeiter von einer Arbeitsgruppe in eine andere versetzt werden.

Arbeit führt aber auch zu sozialen Kontakten, nicht selten zu Freundschaften und Ehen. Dieser mehr gesellige

Aspekt sollte nicht unterschätzt werden: Gerade Frauen haben mir bei der Wiedereinstellung nach einer längeren Familienpause sehr offen zu erkennen gegeben, daß ihnen „zuhause die Decke auf den Kopf falle" und der Kontakt mit Menschen in der Arbeit ihnen nicht weniger bedeute als das Geld, das sie verdienten. Ob bei der Rückkehr in den Betrieb die Überlegung eine Rolle spielt, daß die Arbeit dort vielleicht mehr Resonanz findet als „nur" das Hausfrauendasein, mag im Rahmen unseres Themas ein Randaspekt sein, der meine These stützt, daß Arbeit ein soziales Selbstwertgefühl vermittelt.

## III.

Wenn ich diese beiden gesellschaftlichen Aspekte an den Anfang meines Berichts gestellt habe, verkenne ich damit selbstverständlich nicht, daß Arbeit zunächst notwendige Existenzsicherung bedeutet. Das scheint allerdings eine Binsenweisheit zu sein. Worüber wir jedoch meist weniger nachdenken, ist die Tatsache, daß das sogenannte „geregelte Einkommen", das monatlich auf dem Konto erscheint, auch ein Sicherheitsgefühl vermittelt. Damit wenden wir uns dem stärker psychologisch ausgerichteten Aspekt der Arbeit zu.

Folgen wir dem amerikanischen Betriebspsychologen Maslow, dann rangiert das Sicherheitsbedürfnis des Menschen gleich an zweiter Stelle nach den unmittelbaren Lebensgrundbedürfnissen. Sich auf einen bestimmten Lebensstandard einrichten zu dürfen, vermittelt Selbstbewußtsein, insbesondere dann, wenn das Einkommen es erlaubt, mehr als nur die Grundbedürfnisse zufriedenzustellen. Der Ratenkredit für Haushaltsgeräte, das Auto oder gar das Wohnungseigentum läßt sich nur auf dieser Basis verwirklichen. Arbeitslosigkeit stellt all das in Frage.

Aber auch die immaterielle Bedeutung des Arbeitsentgelts darf nicht übersehen werden: Zwar ist es, wie sein Name sagt, zunächst die Gegenleistung für Arbeit. Zugleich bestimmt es sich aber auch nach der Qualität und oft auch nach der Quantität der Leistung und erhält damit den Charakter eines personalen Wertmaßstabs. Jeder Fortschritt in der Entgeltentwicklung, erst recht ein damit verbundener Aufstieg in der Betriebshierarchie, werden als sozialer Lebenserfolg und damit als Selbstbestätigung erlebt. Schnell kommt Unzufriedenheit auf, wenn eine unzureichende Entgeltdifferenzierung erkennen läßt, daß die Einzelleistung nicht ausreichend gewürdigt wird. Mitarbeiter haben ein sehr fein entwickeltes Empfinden dafür, welcher Platz ihnen innerhalb ihrer Arbeitsgruppe zusteht. Ein entsprechend durchdachtes Entgeltsystem schafft Selbstbewußtsein und Motivation.

Entgeltentzug infolge von Arbeitslosigkeit erschüttert mithin nicht nur das Sicherheitsbedürfnis – es nimmt dem Menschen zugleich ein Stück seiner sozialen Differenzierung und schwächt damit sein Selbstbewußtein. Spätestens dann, wenn er in einer langen Schlange auf dem Flur des Arbeitsamtes sitzt, muß er diese Erfahrung machen.

Maslows Bedürfnispyramide sieht die Selbstentfaltung als Gipfel – gilt dies auch für die so oft gescholtene lohnabhängige Arbeit? Finden Menschen in einer arbeitsteiligen Gesellschaft heute gar noch „Erfüllung" (um einmal dies altmodische Wort zu gebrauchen) in der Tätigkeitsverrichtung ihres beruflichen Arbeitnehmerdaseins?

Nur wenige werden das uneingeschränkt bejahen wollen. Doch gilt nach wie vor: Je selbstverantwortlicher, selbständiger eine Tätigkeit ausgeübt wird, umso stärker wird sie als befriedigend empfunden. Der Grad der Selbständigkeit ist nicht zwangsläufig eine Frage der beruflichen Qualifikation – er hat auch etwas mit Arbeitsorganisation und dem Führungsstil der Vorgesetzten zu tun. Wo Selbstverantwortlichkeit gefördert wird, wächst die Motivation. Längst hat dies die Arbeitswissenschaft erkannt – die Konzepte zum eigenverantwortlichen Tun in der Gruppe sind wohl bekannt. Es wird Sie nach diesen wenigen Bemerkungen deshalb vielleicht nicht überraschen, wenn ich behaupte, daß es auch heute nicht wenige Menschen gibt, die mit ihrer Arbeit ein persönliches Produktivitätserlebnis verbinden. Auch unselbständige Arbeit kann somit durchaus eine positive Erlebensqualität bedeuten. Unternehmensleitungen und Führungskräfte könnten allerdings dazu noch wesentlich mehr beitragen.

Ich will aber auch die negativ empfundenen Seiten der Arbeit nicht verschweigen: zeitlicher Zwang, der das persönliche Leben in seiner Gestaltungsfreiheit einschränkt; Weisungsgebundenheit, die jede unselbständige Tätigkeit mit sich bringt; unangemessener Druck, der von Vorgesetzten und Kolleginnen wie Kollegen ausgehen kann – um nur einige Beispiele zu nennen. Oft ist es auch schlicht die menschliche Unzulänglichkeit, mit der man am Arbeitsplatz zu kämpfen hat. Aber kann man das so ohne weiteres der Arbeit selbst anlasten? Handelt es sich hier nicht zugleich um ein Stück Gemeinschaftserfahrung, wie man sie andernorts auch erlebt?

Am Ende ihres Arbeitslebens haben mir nicht wenige Mitarbeiter gesagt, daß es ihnen schwerfalle, sich von ihrem Arbeitsplatz und den Kolleginnen und Kollegen zu trennen, auch wenn sie sich eigentlich oft nichts sehnlicher als diesen Tag der Pensionierung gewünscht hätten. Würde man so denken, wenn Arbeit nur Negativerlebnisse bereithielte?

Beim Pensionär wie beim Arbeitslosen endet Lebenskontinuität. Auch wenn der Pensionär ursprünglich einmal diesen Tag herbeigesehnt hat, ist er vor dem gesundheitsgefährdenden Schockerlebnis nicht gefeit. Ähnlich ergeht es dem Arbeitslosen, den dieses Ereignis allerdings meist unvorbereitet trifft. Er sieht sich zur Untätigkeit verdammt, die berufliche Selbstbestätigung wird ihm verwehrt.


## IV.

*Erfahrung mit Arbeitslosen:*

Nachdem ich mich mit der Arbeit, ihren Erlebnisinhalten und ihren gesellschaftlichen Dimensionen auseinandergesetzt habe, überrascht es wohl nicht, wenn ich behaupte, daß für den, dem das Ende seines Arbeitsverhältnisses angekündigt wird, oft buchstäblich eine ganze Welt zusammenbricht.

Oft habe ich die Gefühlskaskaden miterlebt: „Was nun?" – „Wie soll ich das meiner Familie sagen" – „Bin ich jetzt wertlos?"

Dann: „Muß ich jetzt für die Fehler des Managements büßen" – „Warum ich und nicht die ...?"

„Ich werde mich zur Wehr setzen, einen Rechtsanwalt/die Gewerkschaft einschalten".

Diese Gefühlsausbrüche signalisieren, wie stark ein Mensch allein schon von der Ankündigung des Arbeitsplatzverlustes in seinem Selbstwertgefühl erschüttert wird. Die Tatsache, im Betrieb nicht mehr gebraucht zu werden, bedeutet für ihn – je nach Dauer seiner Betriebszugehörigkeit und nach seinem sozialen Rang im Betrieb – ein Trauma. Er fühlt sich diskriminiert. Selbst wenn es ihm in relativ kurzer Zeit gelingen sollte, eine neue Aufgabe zu finden, braucht er noch lange Zeit, um dieses Erlebnis zu verarbeiten. Aus seiner Erinnerung wird er es ohnehin nicht tilgen können.

Das Gefühl der Existenzbedrohung – schlicht Angst – dominiert nach der Kündigungsmitteilung. Daran ändern eine lange Kündigungsfrist, eine ordentliche Abfindung und die Aussicht auf Arbeitslosengeld nur wenig, wenngleich die materiellen Hilfen heute im allgemeinen eine Größenordnung erreicht haben, die den Arbeitslosen fürs erste vor dem materiellen Ruin bewahrt.

Auf Ratlosigkeit, Zorn, Aggression und Bitterkeit folgt häufig eine Phase tiefer Depression und Lethargie. Sie äußert sich in Handlungsunfähigkeit, die von der Umwelt leicht als Bequemlichkeit mißverstanden wird. Spätestens jetzt ist es wichtig, daß die Familie – oft ist es die Ehefrau oder die Lebenspartnerin, die hilft, bleibt, Mut zuspricht und zur Aktivität motiviert. Das im Arbeitsalltag oft verwünschte disziplinierende Zeitgerüst muß gerade jetzt aus eigener Kraft aufrecht erhalten werden, denn es gibt Halt und bewahrt vor Wehleidigkeit. Auch dies ist eine Erfahrung, die Pensionäre oft erst machen müssen.

Ein weiteres Problem ist das gesellschaftliche Umfeld: Wie nehmen Nachbarn, Bekannte, aber auch Freunde und Verwandte die Nachricht auf, daß der oder die Arbeitslose plötzlich „nicht mehr dazugehören"? – man stößt oft auf absonderliche Reaktionen dort, wo der Mensch an dem gesellschaftlichen Wert seiner Arbeit gemessen wird.

In der Vorahnung, daß plötzlich die Zahl derer, die zu ihm halten, klein wird, schiebt der von Arbeitslosigkeit Betroffene – und hier sind es wohl eher die ehemaligen Führungskräfte – die Mitteilung über seinen Statusverlust

66

möglichst lange hinaus. Voll Schamgefühl verläßt mancher morgens zur gewohnten Zeit seine Wohnung und kehrt abends ebenso zurück. Geschichten werden erfunden, die seiner eigentlich nicht würdig sind, Selbstzweifel sind die Ursache. Im stillen hofft jeder, schneller zu einer neuen Aufgabe gefunden zu haben, als die schlechte Nachricht sich herumgesprochen hat.

Erst das Herannahen dieser neuen Chance belebt unseren Arbeitslosen: Sein Gang wird aufrechter, die Erscheinung wird wieder gepflegter, die Stimme gewinnt an Zuversicht und Festigkeit – der Freundeskreis registriert dies bereits am Telefon...

Eine neue Chance? Ja – aber auch ein neues Risiko, eine neue Probezeit, eine andere Aufgabe, ein unbekanntes Umfeld – und alles meist in einem Alter, in dem man eigentlich den Betrieb nicht mehr hatte wechseln wollen. Aber selbst ein möglicherweise etwas bescheidenerer Arbeitsplatz ist besser als ein Weiterleben ohne Arbeit. So empfinden es eigentlich alle.

## V.

Ich fasse zusammen:

*These 1*

Arbeit ist weit mehr als materielle Existenzsicherung. Sie ist ein gesellschaftlicher Prozeß und bezieht auch daraus ihren Stellenwert. Für den Menschen bedeutet sie in diesem Sinn Gesellschafts-, Lebens- und Selbsterfahrung.

*These 2*

Arbeit gibt dem Menschen ein Gefühl persönlicher Sicherheit und weist ihm zugleich einen Platz in der sozialen Gemeinschaft zu. Auch sein Geselligkeitsbedürfnis wird zu einem großen Teil im Arbeitsleben erfüllt. Die Arbeitsgemeinschaft bedeutet für das Individuum Bestätigungsmöglichkeit, Selbsterfahrung, idealerweise auch Selbstentfaltung und Aufstieg in der betrieblichen Rangordnung.

*These 3*

Arbeitsverlust kann zur gesellschaftlichen Ausgrenzung führen. Er wirkt existenzgefährdend. Arbeitslosigkeit erschüttert das Sicherheitsbedürfnis des Menschen und läßt ihn an seinem Selbstwert zweifeln. Dies wird als psychisches Trauma erlebt.

*These 4*

Arbeit ist zu einem kostbaren und kostspieligen Gut unserer Tage geworden. Wir müssen überlegen, wie wir möglichst alle, die arbeiten wollen, daran teilhaben lassen können. Der soziale Rang, den wir einfachen Tätigkeiten beimessen, und überhöhte Lohnnebenkosten können die Realisierungschancen dieser Forderung einschränken.

*These 5*

Es reicht nicht aus, für Arbeitslose Arbeitslosengeld bereitzuhalten. Ebenso wichtig ist es, ihnen individuelle psychologische Motivationshilfe und fachlichen Rat für die berufliche Neuorientierung zuteil werden zu lassen.

*These 6*

Wenn betriebsbedingte Kündigungen unvermeidbar sind, muß man sich die psychologischen Konsequenzen für die hiervon Betroffenen vergegenwärtigen. Kündigungsgespräche sollten nur von hierauf vorbereiteten Führungskräften geführt werden, um Schockwirkungen abzufangen. Die in These 5 geforderte psychologische Beratung sollte bereits im Anschluß an das Kündigungsgespräch beginnen. Sie könnte Teil eines betrieblichen Sozialplans sein und wäre damit nicht von der Versichertengemeinschaft zu bezahlen.

ERNST ULRICH VON WEIZSÄCKER
# Arbeit und Umwelt – Perspektiven für das 21. Jahrhundert

## Kostet Umweltschutz Arbeitsplätze?

Bis in die jüngste Zeit hat sich die Vorstellung in unserer Gesellschaft gehalten, daß Umweltschutz Arbeitsplätze kostet. US-Präsident Clinton sah sich gezwungen, im Februar dieses Jahres in die Nordwest-Staaten zu fliegen, um dort einem Tribunal vorzusitzen, welches die Frage entscheiden sollte, ob und in welchem Umfang Wälder vor dem Abholzen geschützt werden sollten, um den Lebensraum der gefährdeten Gefleckten Eule zu erhalten und wieviele Jobs dafür geopfert werden müßten. „Save a logger, kill an owl" war der landesweit zu hörende Streitruf der Holzarbeiter und ihrer Firmen und Gemeinden.

Nun war der „Thomas-Bericht", an dem sich alles vor drei Jahren entzündete, auch ziemlich primitiv gestrickt und angreifbar. Weil die Gefleckte Eule eine gefährdete Tierart sei, müßten fast eine Million Hektar Land, fast halb so groß wie Hessen, in Naturschutzgebiet umgewandelt werden. Und die Holzwirtschaft hatte es nicht schwer, zu behaupten, daß das 150 000 Arbeitsplätze kosten würde, eine schlechthin katastrophale Aussicht für ein dünnbesiedeltes Land, in dem fast alles am Holzverkauf hängt.

Man hat sich schließlich auf irgendeinen quantitativen Kompromiß geeinigt. Aber der *prinzipielle* Gegensatz Arbeitsplätze – Umweltschutz wurde durch das Tribunal eher zementiert als aufgelöst.

In einer Zeit, in welcher die Gemüter in Amerika, aber auch bei uns in Deutschland ganz vom Thema Arbeitslosigkeit in Beschlag genommen sind, verheißt die Fortdauer dieses Gegensatzes nichts Gutes für die Umwelt. In Ostdeutschland fragt man sich, ob man das knapp gewordene Geld für Straßen, industrielle Erneuerung und Umschulung einsetzen soll oder für die ökologischen Altlasten, für den Ankauf von Naturschutzflächen und die Modernisierung der vernachlässigten Straßenbahnen. Die Antwort ist in der Bevölkerung klar: Priorität für Wachstum, Industrie, Arbeitsplätze. Umweltschutz nur insoweit, wie er seinerseits Arbeitsplätze sichert (und das heißt zumeist: vom Westen bezahlt wird).

**Die Sorgen der Bundesbürger 1993**

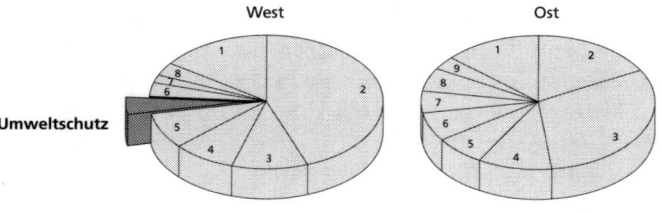

1 Rechtsradikale
2 Asyl/Ausländer
3 Arbeitslosigkeit
4 Wirtschaft
5 Probleme der Einheit

6 Frieden (W)
 Ruhe und Ordnung (O)
7 Steuererhöhungen (W)
 Renten (O)
8 Mieten / Wohnungen

9 Preise (O)

*Quelle: Süddt. Ztg./Globus '93*

West  Ost

Umweltschutz

*Abb.1*

Eine kürzliche Umfrage über die Prioritäten der Westdeutschen und der Ostdeutschen (Abb.1) spricht eine klare Sprache. Selbst im Westen zählen nur noch 7% der Befragten den Umweltschutz zu den wichtigen Prioritäten, im Osten null Prozent! Gegen solchen Umweltdefätismus wehren sich sicherlich viele. Aber mit was für Argumenten? Was haben wir eigentlich in der Hand?

Herr Minister Töpfer hat vor einigen Monaten eine Statistik vorgelegt, nach welcher der Umweltschutz inzwischen ein bedeutender Erwerbszweig ist, der heute rund eine halbe Million Menschen in Brot und Arbeit hält. In den USA sind die Zahlen noch deutlich höher. Fast drei Millionen Arbeitsplätze mit einem Umsatz von rund 120 Milliarden Dollar werden geschätzt. Ferner scheinen verschiedene Studien in OECD-Ländern zu zeigen, daß Umweltgesetze die Schließung veralteter Anlagen höchstens beschleunigt, nicht aber verursacht haben. Und die nationale Gesamtbilanz „Zusätzliche jobs minus verlorene jobs" könnte sogar positiv sein (Renner, 1991, S. 23).

# Jobs im teuren Umweltschutz sind keine Lösung

Die Aussagen über Netto-Arbeitsplatzgewinne durch Umweltschutz sind aber nicht unbedingt beweiskräftig. Sie beziehen sich auf eine Zeitperiode, während derer die untersuchten Länder in großem Umfang Umwelttechnik exportiert haben. Die Bilanz in den importierenden Ländern könnte entsprechend negativ sein. Ferner wird nicht gesagt, was die gleiche Menge Geld an Arbeitsplätzen geschaffen hätte, wenn sie nicht im Umweltschutz, sondern woanders investiert worden wäre.

Vor allem aber muß man sich darüber im klaren sein, daß die bisherige Art von nachsorgendem Umweltschutz prinzipiell ein *Kostenfaktor* bleibt, auch wenn die Kosten irgendwo Arbeitsplätze schaffen. Man fügt einer produktiven Anlage oder Maschine eine unproduktive Filteranlage hinzu. Diese muß der Betreiber oder Käufer bezahlen. Und so kommt es beim nachsorgenden Umweltschutz ganz korrekterweise zu der uns allen geläufigen Formel, wir bräuchten eine florierende Wirtschaft, um uns den teuren Umweltschutz finanziell leisten zu können. Diese Formel ist vor allem für die Wirtschaft äußerst bequem. Sie legitimiert den Ruf nach einer Atempause während der Rezession und sie schiebt der Kosteneskalation im Umweltschutz einen gewissen Riegel vor.

Zugleich ist die Formel aber in höchstem Grade gefährlich. Warum? Weil sie in aller Welt ein unvermeidliches Echo auslöst. Malaysier, Algerier und Brasilianer zitieren diese unsere Formel nur allzu gerne, wenn wir sie auffordern, doch bitte etwas mehr für den Umweltschutz zu tun. „Wir werden uns sehr gerne um den Umweltschutz kümmern, den wir doch genauso wichtig finden wir ihr Europäer. Aber dazu brauchen wir natürlich erst einmal die nötige wirtschaftiche Entwicklung, sonst können wir uns den teuren Umweltschutz oder eine die Entwicklung bremsende Naturschutzpolitik einfach nicht leisten". In Rio de Janeiro vor einem Jahr haben wir uns das unausgesetzt anhören müssen. Und weil das einfach ein Echo auf unsere eigene Rhetorik ist, können wir nicht gut dagegen argumentieren.

Nun könnten wir uns als Umweltschützer auch auf die Position der Entwicklungsländer und der Entwicklungspolitiker einlassen und eine mit dem schmückenden Eigenschaftswort „sustainable" qualifizierte Entwicklung befürworten. Bloß führt das leider in das Dilemma, daß das Ziel der Entwicklung weiterhin der Wohlstand ist, wie ihn der Norden vorlebt. Und dieser Wohlstand ist durch im Vergleich zu den Entwicklungsländern rund zehnmal so hohe pro-Kopf-Naturverbrauchsraten gekennzeichnet.

## 1 000 Menschen belasten die Umwelt jährlich durch

| | in Deutschland | in einem Entwicklungsland | |
|---|---|---|---|
| Energieverbrauch (TJ) | 158 | 22 | (Ägypten) |
| Treibhausgas CO₂ (t) | 13 700 | 1 300 | (Ägypten) |
| Ozonschichtkiller FCKW (kg) | 450 | 16 | (Philippinen) |
| Straßen (km) | 8 | 0,7 | (Ägypten) |
| Gütertransporte (tkm) | 4.391 000 | 776 000 | (Ägypten) |
| Personentransporte in PKW (Pkm) | 9.126 000 | 904 000 | (Ägypten) |
| PKWs | 443 | 6 | (Philippinen) |
| Aluminiumverbrauch (t) | 28 | 2 | (Argentinien) |
| Zementverbrauch (t) | 413 | 56 | (Philippinen) |
| Stahlverbrauch (t) | 655 | 5 | (Philippinen) |
| Hausmüll (t) | 400 | ca. 120 | |
| hochgiftigen Sondermüll (t) | 100 | ca.2 | |

(Die schwarzen und weißen Balkenlängen ergeben zusammen jeweils Hundert)

*Abb.2*

Die ganze nachsorgende Schadstoffbeseitigung ändert nichts an dieser grausamen Wahrheit. Unser Wohlstand ist nicht ohne eine ökologische Zerstörung der Erde auf fünf oder gar acht Milliarden Menschen ausdehnbar.

Damit kommen wir zu dem Ergebnis, daß die ganze Beruhigung über die Schaffung von Arbeitsplätzen durch Umweltschutz fehl am Platz ist. Zwar kann die *Wirtschaft* ganz gut mit dem nachsorgenden Umweltschutz leben, aber die *Umwelt* kann es nicht!

## Perspektiven für das 21. Jahrhundert

Um eine tragfähige Perspektive für das 21.Jahrhundert aufzubauen, müssen wir also über den nachsorgenden Umweltschutz weit hinausdenken. Wir müssen zu einer Strategie kommen, die auch für weniger wohlhabende Länder attraktiv und praktikabel ist und die vor allem den Norden – möglichst ohne Wohlstandseinbußen – so verändert, daß sein Lebensstil ohne Schaden für die Natur kopiert werden kann.

Um zu einer quantitativen Vorstellung dessen zu gelangen, was da von uns gefordert ist, lassen Sie mich kurz auf die wohl größte heutige Herausforderung, den Schutz des Klimas eingehen.

Wenn wir eine gefährliche Beeinflussung des Klimas durch den Menschen verhindern wollen, wie dies in Artikel zwei der im Juni 1992 in Rio de Janeiro unterzeichneten Klimakonvention gefordert wird, dann müßten wir nach Ansicht des Intergovernmental Panel on Climate Change die weltweiten Treibhausgasemissionen in den nächsten 40 Jahren um etwa 60% absenken. Gleichzeitig sagt aber die Weltenergiekonferenz, daß sich der Energiebedarf bis 2020 um bis zu 50 oder 70% erhöht, das wäre in den nächsten 40 Jahren fast eine Verdoppelung. Abb.3 zeigt, stark vergröbert, die Schere, die sich da zwischen dem Notwendigen und dem Wahrscheinlichen auftut.

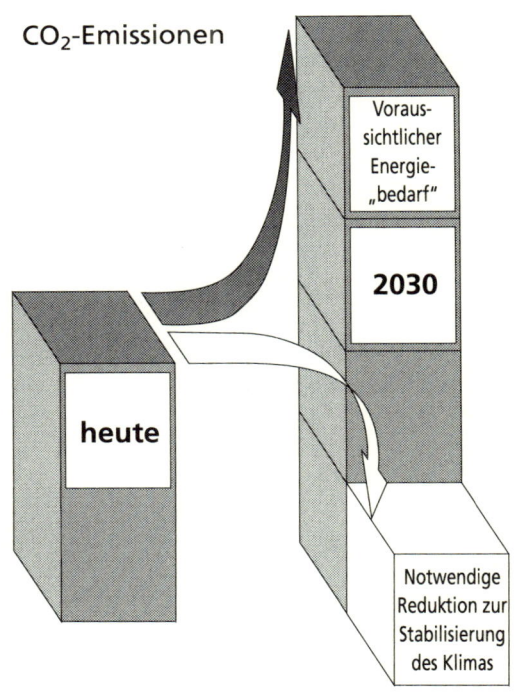

Abb. 3

Die Kernenergie kann die Lücke nicht schließen. Selbst eine politisch höchst riskante und sehr teure Verdreifachung der Atomenergie – wo dann jederzeit auch ein paar Reaktoren in Gebieten stehen, wo Bomben fallen oder wo geschmuggeltes Plutonium ganz schnell Käufer fände – würde ceteris paribus, d.h. bei wachsendem Energiebedarf, den Kernenergieanteil nur von heute 5% auf etwa 8% anheben.

So sieht es denn so aus, als sei die einzige Lösung die, daß wir alle (nicht nur beim Energieverbrauch) *sehr viel bescheidener* leben müßten. Es könnten ungefähr die deutschen pro-Kopf-Energieverbrauchsraten um die Jahrhundertwende sein, die dem Kriterium der ökologischen Nachhaltigkeit, der „sustainability" in einem weltweiten Sinne genügen würden. Politiker, die das einem Volk beibringen könnten und dann auch noch wiedergewählt würden, kann ich mir nicht allzu gut vorstellen. Und daß das Volk, ohne auf die Politiker zu warten, zur Bescheidenheit findet, ist ebenso schwer vorstellbar. Aber die ökologische Weltsituation scheint uns doch gar keine andere Wahl zu lassen. Oder vielleicht doch?

Ja, ich meine, es gibt einen anderen Weg. *Wir könnten versuchen, dem technischen Fortschritt einen neuen Sinn, einen neuen Inhalt, eine neue Richtung zu geben.* Die alte Richtung war die: in 150 Jahren Industriegeschichte bedeutete technischer Fortschritt im wesentlichen die Erhöhung der *Arbeitsproduktivität:* Aus einer menschlichen Arbeitsstunde wurde immer mehr, schließlich rund zwanzigmal soviel Wohlstand herausgeholt als zu Beginn der Industrialisierung.

Dies geschah allerdings weitgehend zu Lasten der Natur. Der Verbrauch von Energie und anderen natürlichen Ressourcen nahm über anderthalb Jahrhunderte praktisch gleichlaufend mit dem Bruttosozialprodukt zu, wie Abb.4 zeigt.

In anderen Worten, die volkswirtschaftliche *Energieproduktivität* hat sich zumindest bis 1973 nicht erhöht. Seither steigt sie zwar, aber längst nicht so stark wie die Arbeitsproduktivität und längst nicht genug, um die in Abb.3 gezeigte Schere wieder zu schließen.

Die Frage drängt sich auf, ob es nicht möglich wäre, ähnlich wie bei der Arbeitsproduktivität eine entsprechende

74

## Entwicklung von Bruttosozialprodukt und Energieverbrauch in den USA

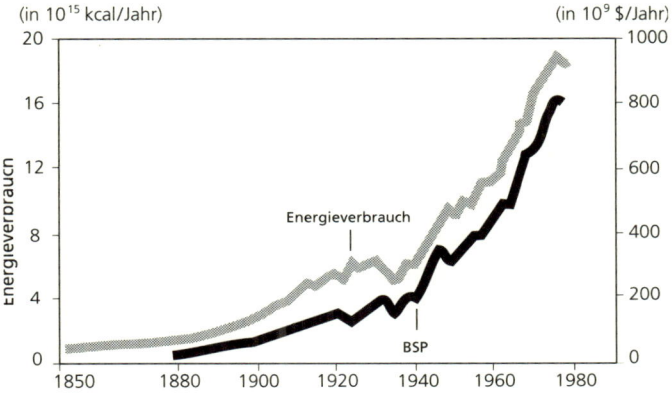

*Abb.4*

Steigerung der Energieproduktivität bzw. allgemeiner der Ressourcenproduktivität zu erreichen. Wenn wir es schafften, aus einem Gigajoule Energie viermal soviel Wohlstand herauszuholen wie heute, dann wäre die genannte Schere wieder geschlossen. Dann dürfte sich also ruhig im Sinne des Verlangens der Entwicklungsländer der Umfang der Energiedienstleistungen weltweit verdoppeln, und dennoch könnten die energiebedingten Treibhausgas-Emissionen mehr als halbiert werden.

Die Energieexperten unter Ihnen werden sagen, eine Vervierfachung der Energieproduktivität sei völlig illlusorisch. Sie sind nämlich mit einem anderen Begriff vertraut, mit der Energie*effizienz*, und die läßt sich in der Tat bei den meisten Prozessen *nicht* um einen Faktor 4 steigern. Die Energieeffizienz bezieht sich auf feste, wohldefinierte Leistungen, wie die Zementherstellung oder den Treibstoffverbrauch eines viersitzigen PKW's mit festgelegten Beschleunigungscharakteristika. Soviel Zutrauen habe ich in unsere Ingenieure, daß sie die Energieeffizienz in vielen Fällen schon ziemlich ausgereizt haben. An einigen Stellen wäre noch ein Faktor 2, an anderen auch mehr, aber vielfach auch wesentlich weniger zu erreichen.

Ganz anders sieht es mit der Steigerungsfähigkeit der (volkswirtschaftlichen) Energieproduktivität aus. Sie kann durch das geschickte Substituieren von energieintensiven durch energiesparsame Prozesse dramatisch gesteigert werden. Die Arbeitsproduktivität wurde ja schließlich auch nicht dadurch verzwanzigfacht, daß die Arbeitseffizienz der Tätigkeiten von vor 150 Jahren verzwanzigfacht wurde. Stellen Sie sich den armen Schuhmacher vor, der hätte lernen müssen, 20mal so schnell zu hämmern oder Leder zuzuschneiden!

Wir können eine wahre Effizienzrevolution auslösen. Die nachfolgenden vier Bilder scheinen zu belegen, daß sich in verschiedenen Bereichen des Ressourcenverbrauchs eine Verzehnfachung der Energie- oder Ressourcenproduktivität auslösen läßt.

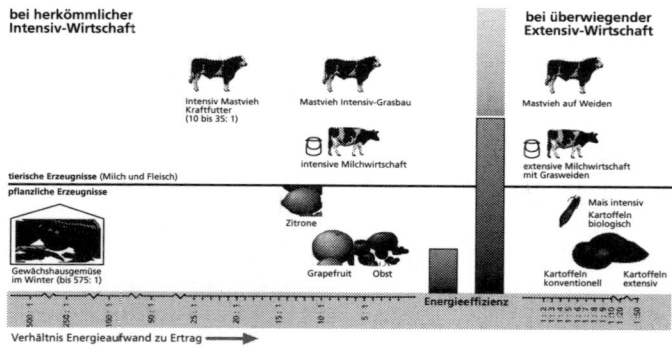

Abb. 5

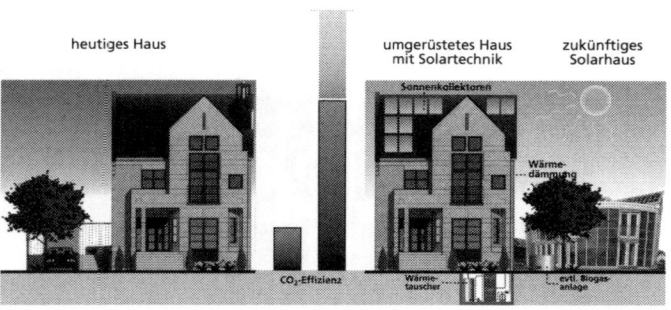

Abb. 6

76

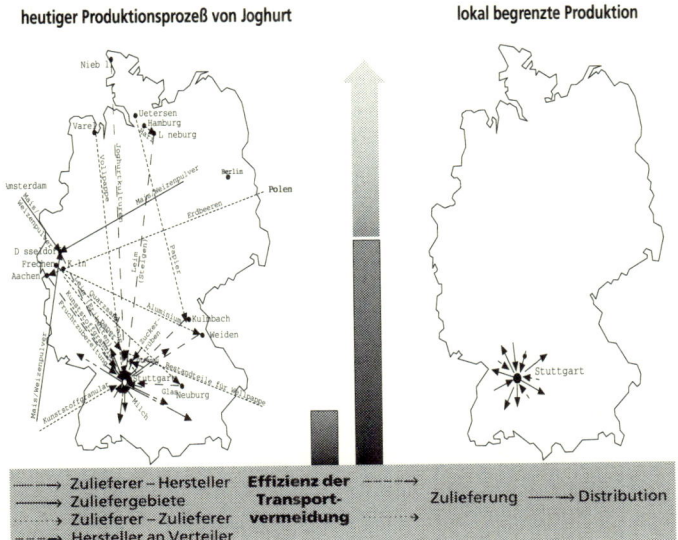

heutiger Produktionsprozeß von Joghurt | lokal begrenzte Produktion

→ Zulieferer – Hersteller | **Effizienz der** | → | Zulieferung → Distribution
→ Zuliefergebiete | **Transport-**
→ Zulieferer – Zulieferer | **vermeidung**
→ Hersteller an Verteiler

*Abb.7*

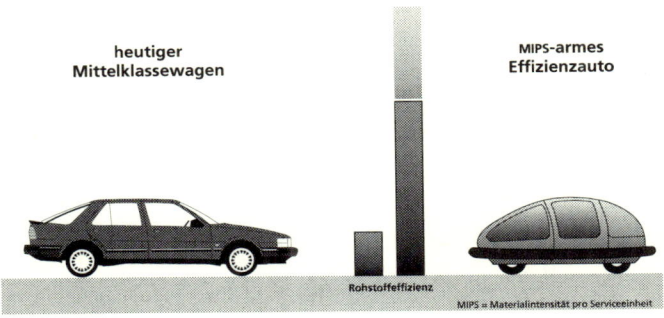

heutiger Mittelklassewagen | MIPS-armes Effizienzauto

Rohstoffeffizienz

MIPS = Materialintensität pro Serviceeinheit

*Abb.8*

Es gibt so gut wie keinen Bereich des Energieverbrauchs, bei welchem nicht ein Faktor vier an Energieproduktivität durch eine Mischung aus Technik, Infrastruktur und Verhaltensänderungen herausgeholt werden kann, und das in rund vierzig bis fünfzig Jahren. Langfristig kann die Energieproduktivität auch noch wesentlich weiter gesteigert werden. Nach den vier Beispielen von einer heute schon erreichbaren Verzehnfachung der Energie- und Stoffintensität ist auch die Möglichkeit einer Verzwanzigfachung oder

77

mehr nicht von der Hand zu weisen. Es wäre also tatsächlich eine neue technologische Revolution von ähnlichen Ausmaßen wie die seit dem frühen 19. Jahrhundert andauernde industrielle Revolution.

## Wie kommt man dahin?

Die politische Frage ist nun, wie man es schafft, den technischen Fortschritt in eine dem „Jahrhundert der Umwelt" angemessene Richtung zu lenken. Von alleine wird das nicht geschehen. Unter den heutigen Bedingungen wäre doch einer ein wirtschaftlicher Narr, wenn er in nennenswertem Umfang die knappen Kapitalmittel für eine drastische Erhöhung der Energieproduktivität einsetzen würde. Die Arbeitsrationalisierung zahlt sich allemal besser aus.

Volkswirtschaftlich sieht das ganz anders aus. In einer Zeit, wo die Arbeitslosigkeit (nicht nur bei uns im Land, sondern auch bei den mit unserer Wirtschaft konkurrierenden Ländern) eines der gravierendsten gesellschaftlichen Probleme ist, das auch riesige Summen aus dem Staatshaushalt verschlingt, und zugleich einer Zeit, in der Energie und Primärrohstoffe, vor allem aus Umweltgründen, zu ernsthaft knappen Gütern geworden sind, sollte es volkswirtschaftlich vernünftig sein, das Innovationsgewicht spürbar in Richtung Erhöhung der Ressourcenproduktivität zu verlagern.

Dieses trifft erst recht für weniger wohlhabende Länder zu, die in der Regel noch höhere offene oder versteckte Arbeitslosenquoten haben und bei denen der Ressourcenmangel nicht nur ökologisch, sondern auch ökonomisch sehr fühlbar ist. Bei einer von den wohlhabenden Ländern ausgehenden gezielten Erhöhung der Ressourcenproduktivität wäre eine hohe Bereitschaft der ärmeren Länder zu erwarten, sich anzuschließen.

Damit ist aber noch nicht die Frage beantwortet, *wie* man das volkswirtschaftlich Wünschenswerte auch den Betrieben schmackhaft macht. Die Frage mag auch gestellt werden, ob wir den Fortschritt überhaupt lenken *dürfen* und ob das nicht ein Rückfall in den gerade überwundenen bürokratischen Sozialismus wäre?

78

Ja, das wäre es wohl, wenn wir versuchen würden, die neue technologische Revolution *auf dem Verordnungswege* herbeizuführen. Das hieße dann, daß wir nicht nur eine Wärmeschutzverordnung hätten, sondern ebenso eine Personenkraftwagentreibstoffeffizienzverordnung, eine Zweitaktrasenmähereffizienzverordnung, eine Waffeleiseneffizienzverordnung, einen Hähnchenfleischmaximalfremdenergiegrenzwert und tausend weitere solcher Vorschriften.

All das ist natürlich möglich, aber es wäre – bis auf Ausnahmen – volkswirtschaftlich ungeheuer ineffizient. Soviel sollten wir aus dem Zusammenbruch des bürokratischen Sozialismus gelernt haben, daß wir dem *Markt* eher als überforderten Bürokraten zutrauen können, die Details des technischen Fortschritts zu steuern. Wir müssen also dem Markt die geeigneten Signale geben.

Wir müssen den sparsamen Umgang mit Energie und Rohstoffen *profitabel* machen. Wir müssen die Preise angenähert „die ökologische Wahrheit" sagen lassen. Energie und Rohstoffe müßten teurer werden.

Sie haben richtig gehört: Zum Wohl der Volkswirtschaft müßte der Staat Energie und Primärrohstoffe teurer machen. Das klingt, vorsichtig gesagt, ungewohnt. Aber es ist rational. Und es gibt empirische Hinweise darauf, daß der wirtschaftliche Erfolg der verschiedenen Wirtschaftsblöcke positiv und nicht etwa negativ mit den vorherrschenden Energiepreisen korreliert, wie die Grobschätzung von Abb.9 zeigt.

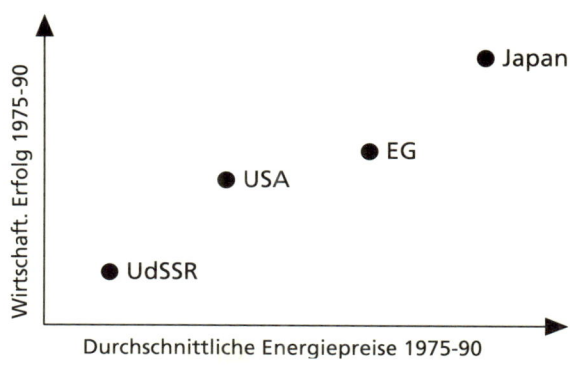

## Energiepreise und wirtschaftlicher Erfolg

*Abb.9*

79

Für die Wirtschafts- und Sozialverträglichkeit wird es darauf ankommen, *wie* man die Energiepreise anhebt. Nach jahrelangen Diskussionen über Vor- und Nachteile verschiedener Strategien halte ich eine *strikt aufkommensneutrale ökologische Steuerreform*, die sich in kleinen, jahrzehntelang vorhersehbaren Schritten vollzieht, für das geeignetste Instrument. Eine geplante Verteuerung um 5% pro Jahr (inflationsbereinigt) und eine gleichgroße Steuersenkung insbesondere bei den Lohnnebenkosten sollte sowohl für die Wirtschaft wie für die Sozialpolitik akzeptabel sein. (Die Senkung der Lohnnebenkosten würde zustandekommen, wenn man etwa die Sozialversicherung oder die Renten zunehmend über die Einnahmen aus Energie- und Stoffsteuern finanziert). Man sollte bei der Einführung der Steuerreform notfalls durch Sonderregelungen dafür sorgen, daß sich die heute bestehenden Anlagen noch verlustfrei abschreiben lassen. Und es wäre ökologisch und ökonomisch wünschenswert, wenn möglichst viele Länder mitmachten.

Es würde natürlich ein nachhaltiger Strukturwandel induziert. Die Rentabilität wandert von energie- und ressourcenintensiven Aktivitäten zu intelligenzintensiven Leistungen. Und der Energieverbrauch macht einen tiefgreifenden Wandel durch.


## Die Arbeit verändert ihr Gesicht

Von besonderer Bedeutung wird nach meiner Meinung eine Entwicklung sein, die in die klassischen technologischen Trendextrapolationen gar nicht hineinpaßt: Es ist die langsame Rücknahme der industriellen Zentralisierung der Produktion. Diese war ein Trend im Rahmen der klassischen (Arbeits-)Produktivitätserhöhung. Er wurde mit immer höheren, meist zu allem Übel auch noch preislich subventionierten Transportleistungen und großen Naturzerstörungen erkauft. In dem Maße, wie auch beim Transport die Preise die ökologische Wahrheit sagen, werden manche Zentralisierungen unrentabel. Die Scheinrationalität der just-in-time Anlieferung würde weitgehend aufgehoben. *Die Fertigungstiefe könnte wieder zunehmen.*

80

Der vielleicht wichtigste Trend der Arbeitsentwicklung auf dem Weg ins 21. Jahrhundert ist die immer noch weiter andauernde Tertiarisierung, der Trend weg von der bäuerlichen Primärproduktion und der handwerklich-industriellen Sekundärproduktion zur Dienstleistungsgesellschaft. Deutschland hinkt hier übrigens weit hinter den USA und anderen Ländern her. Jetzt schlägt folglich die Rationalisierungswelle in der sekundären Produktion in Deutschland viel härter zu als in vielen anderen Ländern.

Weitere Schwierigkeiten stehen der Industrie ins Haus. Es wird nach meiner Meinung von Jahrzehnt zu Jahrzehnt schwieriger werden, bloße Waren zu verkaufen. Die meisten Waren wird man in Dienstleistungspakete eingebettet verkaufen. Heute schon bekommt der „Endnutzer" von Spezialmedikamenten diese meistens gar nicht mehr zu Gesicht. Sie werden vom Arzt oder der Klinik eingekauft und appliziert. Auch Massageöl wird typischerweise nur noch im Dienstleistungspaket verkauft. Ein großer Chemiekonzern hat angefangen, Chemikalien zu verleasen. Und Kopierer und zahlreiche andere Geräte least man ebenfalls oder kauft sie zusammen mit einem eingehenden Wartungsvertrag. Die Wartungsqualität wird zum Qualitätskriterium der *Ware*.

Eine weitere Entwicklung dürfte die fortschreitende Individualisierung der Verbraucherbedürfnisse sein. Dies käme einem Bruch mit dem seit Beginn der Industrialisierung laufenden und heute noch andauernden Trend gleich, welcher standardisierte Produkte geographisch immer weiter verbreitet. Wenn nun individuelle Nutzungswünsche der Kunden zunehmend berücksichtigt werden *können* (und folglich im Wettbewerb auch *müssen*), wird die Fabrikation von Wegwerf-Massengütern zurückgedrängt, und das ökonomische Gewicht der Kundenbetreuung, der Wartung, der Ausbaufähigkeit von Geräten größer.

Die Tertiarisierung alleine ist aber noch nicht die volle Lösungsperspektive für die Arbeit im 21. Jahrhundert.

*Erstens* kommt auch hier eine massive Rationalisierungswelle auf uns zu. Auch und gerade der öffentliche Dienst wird davon erfaßt. Die Krise der öffentlichen Finanzen erzwingt rasche Fortschritte auch hier.

*Zweitens* sind Dienstleistungen nicht automatisch umweltverträglicher als die Arbeit in der Landwirtschaft oder

81

der Industrie. Die Jobs von Flug-Stewardessen oder Fern-lastfahrern etwa sind mit viel Umweltverbrauch verknüpft. Auch ein Kreditgeschäft zur Exploration von Ölfeldern ist nicht so harmlos, wie es auf den ersten Blick erscheinen mag.

*Drittens* ist die Arbeitslosigkeitskrise im sekundären Sektor viel zu umfassend, als daß man sie mit einer noch so forcierten Tertiarisierung einfach lösen könnte.

Kurzfristig wird man der Krise nicht Herr, wenn man auf der scharfen Trennung von Erwerbsarbeit und Arbeitslosigkeit beharrt. Ausgehend von Ostdeutschland breitet sich derzeit in Deutschland die Erkenntnis aus, daß es für Hundertausende und bald Millionen von Menschen keine Chance mehr geben wird, in eine reguläre Beschäftigung hineinzukommen, und daß ihre einzige Chance für eine sinnvolle Beschäftigung im Entstehen eines „Zweiten Arbeitsmarktes" mit deutlich geringeren Bezahlungen liegt. Dieser Zustand ist in anderen Industrieländern längst eingetreten, und ich sehe nicht, wie sich der Trend in Deutschland aufhalten ließe.

Worauf es ankommen wird, ist, den Menschen im Zweiten Arbeitsmarkt eine brauchbare soziale Absicherung zu verschaffen und die Sogwirkung in den Ersten Arbeitsmarkt hinein zu verhindern. Das Arbeitsentgelt kann teilweise vom Staat in Form einer „negativen Einkommenssteuer" kommen, also staatlichen Zahlungen, die im Falle geringer privatwirtschaftlicher Vergütung an die Stelle des Arbeitslosengeldes oder der Sozialhilfe treten. Der Anreiz, auch eine minder gut bezahlte Arbeit zu akzeptieren, wird größer, und die mit der Arbeitslosigkeit zusammenhängenden Staatsausgaben würden trotz der gezahlten negativen Einkommenssteuer verringert. Und vor allem hätten Millionen von Menschen wieder eine realistische Arbeitsperspektive; der Überstieg in den Ersten Arbeitsmarkt würde leichter fallen als einem heutigen Arbeitslosen.

## Eigenarbeit und Umwelt

Auch diese Perspektive ist noch nicht auf Dauer befriedigend. Zu sehr hängt sie noch an der Beschäftigung um der Beschäftigung willen und nicht an der Optimierung des

Wohlstandes unter wirklich ernstgenommenen ökologischen Bedingungen.

Um eine tragfähige Perspektive zu erreichen, müssen wir noch einen Schritt weiter gehen. Nennen wir ihn den Schritt in die „Quartarisierung", ein Ausdruck, der wohl in den siebziger Jahren von dem exzentrischen ungarisch-französischen Architekten Yona Friedman eingeführt wurde. Hier geht es um die wohlstandförmige Schrumpfung des Erwerbsarbeitsvolumens und die Rückwanderung von manchen Tätigkeiten in gar nicht oder „schwarz" bezahlte Arbeit sowie die Ausdehnung und bessere Sinnfüllung der Freizeit.

Eine Individualisierung der Lebensstile ist zugleich Bestandteil und Voraussetzung der Quartarisierung. Wenn die Effizienzrevolution im Umgang mit den natürlichen Ressourcen Platz greift und wenn ökologisch schädliche Tätigkeiten der heutigen Industriewelt (ohne Wohlstandsverlust) eingespart werden, fallen noch sehr viele weitere Arbeitsplätze weg. Soll in dieser Phase Massenarbeitslosigkeit verhindert werden, dann ist kaum ein anderer Weg als der einer individuell unterschiedlichen Arbeitszeitverkürzung als Lösung vorstellbar. Die Fähigkeit und Neigung, Wohlstand und Lebensbefriedigung in „Eigenarbeit" und Nachbarschaftsarbeit zu schaffen, ist ja von Mensch zu Mensch und von Wohnquartier zu Wohnquartier äußerst verschieden.

Die Effizienzrevolution etwa im Bereich der Wärmeisolation, der Biogaserzeugung und der Rohstoffschonung (z.B. durch Rücksammeln von Glas und Aluminium oder durch Reparierfreundlichkeit von Geräten) haben einen viel höheren Eigenarbeitsanteil als die klassische Energieerzeugung und der Rohstoffbergbau. Also wird ein Teil der projektierten Erhöhung der Energie- und Rohstoffproduktivität gar nicht als Erwerbsarbeit in Erscheinung treten und wird das gemessene Bruttosozialprodukt sogar schrumpfen lassen. Sie wird gleichwohl von Wohlergehensgewinnen, nicht etwa -verlusten begleitet sein. Nun wird aber niemand freiwillig aus der Erwerbsarbeit ausscheiden und anderen Menschen auch nur teilweise Platz machen, solange alle Gratifikationen, die unsere Gesellschaft zu bieten hat, auf der Erwerbsarbeit beruhen: soziales Ansehen, geregeltes Einkommen, soziale Sicherung, Kreditwürdigkeit, oft die Akzeptanz als Mieter bei der Wohnungssuche, und bei Ausländern sogar die Aufenthaltsgenehmigung. Wenn wir aus ökologischen Gründen die Erwerbsarbeit schrumpfen lassen müssen (und dabei wegen der Effizienzrevolution kein Wohlstand verloren zu gehen braucht), dann müssen wir dafür sorgen, daß diejenigen, die sich an der heilsamen Schrumpfung aktiv beteiligen, dafür nicht etwa bestraft, sondern belohnt werden.

Wie packt man das an? Am wichtigsten scheint mir, daß man die soziale Sicherung (und die Staatsfinanzen überhaupt) schrittweise vom Erwerbsarbeitsvolumen abkoppelt. Das wird dadurch möglich, daß man das Aufkommen der Umweltsteuer für die Finanzierung des Sozialen Netzes verwendet. Wenn die Finanzierung des Sozialen Netzes immer weniger durch Erwerbsarbeitsabgaben und vermehrt durch Umweltabgaben geschieht, ist es nur recht und billig, wenn seine Segnungen auch all denen zugutekommen, die direkt oder indirekt Umweltsteuern zahlen, und das sind alle Verbraucher/innen, nicht nur die Beschäftigten.

Im übrigen gibt es seit dem letzten Juli auch ein Verfassungsgerichtsurteil, welches für die Fortentwicklung der Sozialpolitik zu beachten ist: Das „Trümmerfrauenurteil" sagt, daß die Versorgungsansprüche nicht auf die offiziell Beschäftigten beschränkt bleiben dürfen, sondern auch den unbezahlt für die Gemeinschaft Tätigen zugutekommen müssen. Kindergroßziehen und viele andere nicht-gewerbliche Arbeiten kommen aber der Gemeinschaft ebenso zugute wie die Arbeit der Trümmerfrauen.

Die Effizienzrevolution, die Wiedererhöhung der Fertigungstiefe im Bereich der Primär- und Sekundärproduktion, Tertiarisierung, Quartarisierung, individualisierte Lebensmuster, originelle Tätigkeitskombinationen und ein auf all diese tiefgreifenden Veränderungen angepaßtes Steuer-, Bildungs- und Ausbildungssystem sind vielleicht einige festzuhaltende Elemente der Perspektiven von Arbeit und Umwelt für das 21. Jahrhundert. Unvermeidlich sind diese Perspektiven noch relativ vage. Sie verzeihen das vielleicht, wenn Sie sich klarmachen, wie gut bzw. wie schlecht die Prognosen unserer Urgroßväter zur Zeit eines Jules Verne waren.

84

# Heraus aus der Rezession!

Recht sicher bin ich mir allerdings bezüglich der ökologischen Komponente der genannten Perspektive. Die Effizienzrevolution *muß* stattfinden, wenn wir katastrophale Verteilungs- und Migrationskämpfe und -kriege vermeiden wollen.

Diese hohe Gewißheit der ökologischen Randbedingung möchte ich nun allerdings für eine optimistische Schlußbetrachtung sowie für einen Appell nützen. Die Schlußbetrachtung geht hervor aus dem Mitdenken und Mitleiden mit den von der Rezession Betroffenen und Bedrohten.

Wenn man sich fragt, worin die Rezession eigentlich besteht, dann kommt man rasch auf die Beobachtung, daß das deutsche Kapital sich am Standort Deutschland nicht mehr besonders wohlfühlt. Es wandert aus oder wird bei Banken oder in Grundstücken geparkt. Der Grund für diese Zurückhaltung ist einerseits das enorme Kostengefälle etwa zwischen Deutschland und Tschechei, Polen oder China, andererseits eine fundamentale Ungewißheit über den Richtungssinn der industriellen Entwicklung.

In dieser Situation könnte die Ausrufung der neuen technologischen Revolution in Verbindung mit der politischen Festlegung auf eine schrittweise Verteuerung von Energie und Primärrohstoffen sehr wohl zu einem Stimmungsumschlag führen. Wenn die für die Beschäftigungslage so verheerend hohen Lohnnebenkosten schrittweise zu sinken versprechen, dann lockt schon diese Tatsache Pioniergeld aus den Löchern hervor. Wenn weiterhin ein sich verbreiternder gesellschaftlicher Konsens über die neue Fortschrittsrichtung aufgebaut wird, dann ist mit dem Abflauen von wissenschafts- und technikfeindlichen Stimmen zu rechnen. Und wenn Investoren einen verläßlich erscheinenden Pfad vor sich sehen, dann werden sie eher ins Land zurückkehren.

Sind der verläßliche Preispfad und der Stimmungsumschwung einmal da, dann haben sie zunächst positive Effekte für die heutigen Pionierbranchen. Aber nicht nur für sie. Denn diese haben alsbald ihrerseits einen Investitionsbedarf, der die konjunkturell so wichtige Investitionsgüterindustrie ankurbelt. Lawineneffekte, wie sie in den Frühphasen von Kondratieff-Zyklen beobachtet worden sind, könnten ohne weiteres eintreten.

Diese These, daß die ökologische Neubesinnung in Verbindung mit einem wirtschaftsverträglichen und innovationsfreundlichen Instrument, eben der langfristig angelegten ökologischen Steuerreform, die Rezession überwinden könnte, habe ich jetzt schon an verschiedenen Stellen in der Industrie, des Handels und der Banken geäußert. Bislang habe ich noch praktisch keine nennenswerten Widersprüche gehört. Im Gegenteil, die Reaktion war meist deutlich zustimmend.

Wenn das Gesagte richtig ist, dann wäre es auch für das Land Hessen und den Frankfurter Raum angebracht, sich um die ökologische Neubesinnung zu kümmern. Für Manager, Ingenieure und Wissenschaftler kann es doch eigentlich nichts Besseres geben als einen verläßlichen, neuen Trend, bei welchem dem Techniker etwas abverlangt wird, was nicht durch Zufall weit größere Akezeptanz hat als das ingenieurmäßige Wegrationalisieren von Arbeitsplätzen. Kilowattstunden statt Menschen arbeitslos zu machen, sollte ein großer Ansporn sein.

WOLFGANG THIERSE
# Verteilungskampf um Arbeit

Iring Fetscher hat im Jahre 1966 einen Essay des Karl-Marx-Schwiegersohnes Paul Lafargue neu herausgegeben. Er hat den provozierenden, für die Tradition der Arbeiterbewegung geradezu ketzerischen Titel „Das Recht auf Faulheit". Ketzerisch ist es deshalb, weil Lafargue ein „verderbliches Dogma" anprangerte, eine „seltsame Sucht", wie er meinte, nämlich die „bis zur Erschöpfung der Individuen und ihrer Nachkommenschaft gehende Arbeitssucht." Fetscher bescheinigte damals Lafargues Schrift „Witz, Frische und Anmut", um sogleich hinzuzufügen, daß sie als politisches Pamphlet wohl nicht mehr so recht in unsere Zeit passen wolle.

Bald dreißig Jahre ist es her, daß Iring Fetscher diese Anmerkungen aufschrieb, und man wäre Zyniker, wollte man seiner Einschätzung angesichts jahrelanger, millionenfacher Erwerbsarbeitslosigkeit widersprechen. Wohl wahr, die Propagierung des „Rechts auf Faulheit" will nicht in unsere Zeit passen ...

*Wirklich?*

Es ist noch nicht allzu lange her, daß in Westdeutschland, präziser: in der alten Bundesrepublik Lafargues Einlassungen zumindest in ihrer plakativen Verkürzung eine gewisse Plausibilität aufzuweisen schienen. In den 80er Jahren meinten viele, die Massenarbeitslosigkeit sei ein untrügliches Indiz dafür, daß der „Arbeitsgesellschaft" die Arbeit ausgehe, sie sei grundsätzlich nicht mehr in der Lage, allen, die auch arbeiten wollten, einen Arbeitsplatz zur Verfügung zu stellen. Fragen solcherart wurden kontrovers diskutiert: Ist es noch gerechtfertigt, von der Erwerbsarbeit als einer strukturbestimmenden, die Gesellschaft gliedernde und ihre Entwicklung vorgebende Kategorie zu sprechen? Ist es nicht vielmehr so, daß die Erwerbsarbeit ihre zentrale Bedeutung für den Alltag und die

Biographie der Menschen allmählich verliert bzw. längst verloren hat? Sozialwissenschaftler erklärten, immer größer werdende Teile der bundesdeutschen Bevölkerung wollten die mit der Erwerbsarbeit einhergehenden Werte und Normen nicht mehr akzeptieren. Protestantische Arbeitstugenden, die den proletarischen ja nicht ganz fremd waren, würden in den Köpfen der Menschen sukzessive durch „postmaterielle Werte", wie man sagte, ersetzt. Die Arbeitsgesellschaft selbst nähre und provoziere tagtäglich subjektive Orientierungen, die ihr eigentlich nicht entsprächen. Die Geburt eines neuen gesellschaftlichen Typus schien sich abzuzeichnen, wovon zahlreiche Begriffsschöpfungen jener Jahre noch heute zeugen: Tätigkeitsgesellschaft, Freizeitgesellschaft, Informationsgesellschaft, Dienstleistungsgesellschaft, Wissenschaftsgesellschaft, postindustrielle Gesellschaft, zuletzt Erlebnisgesellschaft – Begriffe, mit deren Hilfe eine sich wandelnde soziale Wirklichkeit deutend eingefangen werden sollte, Begriffe, die signalisierten, daß „Arbeit" einem gravierenden Bedeutungsverlust unterliege.

Überdies hieß es: Eines der in den kapitalistisch verfaßten Marktwirtschaften bis dahin nachgerade klassischen Immunisierungsinstrumente gegen Arbeitslosigkeit, – die Realisierung wirtschaftlichen Wachstums nämlich – würde sich in der erforderlichen Höhe entweder nicht mehr realisieren lassen, oder dürfte aus ökologischen Gründen nicht mehr realisiert werden. Die Produktivitätssteigerungen fraßen das Wachstum des Bruttosozialproduktes auf, Beschäftigungseffekte stellten sich kaum ein. Arbeitslosigkeit war längst keine konjunkturelle mehr – so viel schien klar zu sein –, die man allein mit den Werkzeugen einer aktiven Arbeitsmarktpolitik hätte bekämpfen können. Ihre Ursachen seien vielmehr auf einen sich beschleunigenden technischen Fortschritt zurückzuführen. Die mikroelektronische Revolution würde in einem solchen Tempo voranschreiten, daß die endgültige Überwindung der industriellen Arbeit nur noch eine Frage der Zeit sei. Der große Mentor der katholischen Sozialehre, Oskar von Nell-Breuning, steigerte sich sogar zu der Behauptung, daß zur Herstellung des Nötigsten bereits heute nur ein Tag Arbeit pro Woche nötig sei. Wohlgemerkt: Dieses „heute" bezog sich auf die Jahre 1983 und 1984. Aber schon 1958 formulierte Hannah Arendt jene

Vision, deren Konturen man in den 80er Jahren so deutlich wie nie zuvor zu erkennen glaubte: „Wir wissen, ohne es uns doch recht vorstellen zu können, daß die Fabriken sich in wenigen Jahren von Menschen geleert haben werden und daß die Menschheit der uralten Bande, die sie unmittelbar an die Natur ketten, ledig sein wird, der Last der Arbeit und des Jochs der Notwendigkeit. "

Auch in der Sozialdemokratie waren nicht wenige davon überzeugt, den Akzent des eigenen Bemühens von der – nennen wir es so – erwerbsarbeitsorientierten Beschäftigungspolitik auf eine Politik zu verlagern, die die Lebenszeitsouveränität und die Autonomie des Individuums zum Ziele hat. Diese Debatte fand nicht zuletzt im Berliner Grundsatzprogramm der SPD ihren Niederschlag.

Freie, von der determinierenden Kraft der Erwerbsarbeit gelöste Zeit, Zeit zur Muße – im übrigen etwas völlig anderes als die von Lafargue propagierte Faulheit, die, wie Oskar Negt treffend formulierte, nichts anderes ist als die Kehrseite des Arbeitszwanges – Zeit also für Kreativität, Zeit zur Pflege des geschundenen Soziallebens, Zeit für Zwischenmenschliches und Lebensweltliches ... Zeit der Emanzipation. Neue Leitbilder kursierten: Etwa das eines omnipotenten Proletariers 2000, hochqualifiziert und strotzend vor Selbstbewußtsein, frei entscheidendes, souveränes Individuum, das des Schutzes einer großmächtigen Organisation wie der einer Gewerkschaft nicht mehr bedurfte, eines Individuums, das Inhalt, Gegenstand und Zeit seiner Erwerbsarbeit frei aushandeln könnte.

Vermutlich hätte Lafargue jubiliert, wäre es ihm vergönnt gewesen, Zeitzeuge zu sein. Seine Vision von der Maschine als dem Erlöser der Menschheit, als Gott, der den Menschen von den sordidae artes und der Lohnarbeit loskaufen, der Gott, der ihnen Muße und Freiheit bringen würde, schien für einen historischen Augenblick zum Greifen nahe.

*Wie schön hätte das alles werden können ...*

Aber es ist nicht eingetroffen. Ist es deshalb gänzlich falsch? Die Idee von der Überwindung der als Mühsal empfundenen Arbeit und die Erweiterung lebensweltlicher Autonomie halte ich für eine konkrete Utopie – Utopie, weil mit der sozialen Wirklichkeit noch unverträglich, konkret, weil trotzdem in ihr als Option angelegt und erkennbar – keineswegs für obsolet. Doch bereits damals galt und gilt heute unter dem Eindruck der enormen ökonomischen Probleme Deutschlands nach seiner Vereinigung erst recht die Einsicht: Erwerbsarbeit ist die Eintrittskarte in die „Normalgesellschaft", soll heißen: in die Gesellschaft der Mehrheit. Gewiß, die Erwerbsarbeit wird noch knapper werden als sie heute schon ist, und die tiefe Rezession, die unser Land gegenwärtig durchläuft, trägt beschleunigend dazu bei. Neue Techniken werden die menschliche Arbeitskraft ersetzen, neue Qualifikationsanforderungen die überkommenen Berufsbilder immer rascher revolutionieren, Berufe, für die heute noch ausgebildet wird, werden verschwinden, neue, kurzlebigere entstehen.

André Gorz nannte Krisenzeiten auch Zeiten großer Freiheit: „Weil die alte Ordnung nicht mehr fortdauern kann und keine neue Ordnung in Sicht ist, muß die Zukunft in größerem Maße ersonnen werden, als es bisher der Fall ist." So intellektuell reizvoll die Rekreation einer Nova Atlantis auch sein mag, darum gehen kann es nicht. Politik, die solches täte, ignorierte die akut-aktuellen Nöte vieler Menschen. Nichts wäre törichter, als abstrakte Modelle zu entwickeln, die mit der Lebenswirklichkeit der Menschen und ihren Gewohnheiten wie ihren Wünschen wenig bzw. nichts zu tun haben.

Eine der Kernbotschaften, die ich seit Monaten den Bürgerinnen und Bürgern nahezubringen versuche, lautet: Wir stehen vor einer Periode sich heftig verschärfender Verteilungskämpfe. Der Satz ist schon wieder falsch: In Wirklichkeit stecken wir bereits mitten drin!

Wovon rede ich, wenn ich den Begriff Verteilungskämpfe benutze? Es geht um Verteilungskämpfe auf mehreren Ebenen: Es geht um Produktionsstandorte, um Produktionskapazitäten, um Wettbewerbsvor- oder Nachteile, um Märkte und Marktchancen, um Kosten und Kostenverteilung. All dies wirkt mittelbar und unmittelbar auf die Arbeitsplatzsituation, d.h. wir haben es auch mit Verteilungskämpfen um Arbeit und Arbeitszeit zu tun. Und es könnte politisch höchst folgenreich, ja gefährlich für die innere Einigung Deutschlands werden, daß diese Verteilungskämpfe auch

90

zwischen West und Ost im Lande selbst stattfinden. Bekannt sind die Beispiele, wo die Betriebsräte von Mercedes und VW jeweils ihr Firmenmanagement davor warnten, Investitionen in den neuen Bundesländern auf Kosten der Belegschaft in den westdeutschen Werken zu tätigen. Es geht angesichts solcher Arbeits-Verteilungskämpfe um mehr als um Krisenmanagement.

Die Verknappung der Erwerbsarbeit *muß* verstanden werden als Aufforderung zur gesellschaftlichen Reform, zur bewußten und aktiven Gestaltung eines gesellschaftlichen Übergangs. Reformgeist und Gestaltungswille sind deshalb erforderlich, weil wir uns noch inmitten einer Sozialordnung befinden, in welcher die Erwerbsarbeit die materiellen Lebensbedingungen der Masse diktiert und in der der Reichtum der einen nach wie vor die relative Armut der anderen zur Vorraussetzung hat – erst recht global, weil diese soziale und wirtschaftliche Ordnung keinerlei zwingende Logik besitzt, etwa Produktivitätsfortschritte in den Dienst der humanen Sache zu stellen. Die vorrangige Aufgabe einer Politik, die Krisenbewältigung mit Gesellschaftsreform verbinden will, besteht darin, die Erwerbsarbeit kollektiv neu zu organisieren und zu verteilen, um möglichst viele Menschen in Erwerbsarbeit zu halten bzw. dorthin zu bringen. *Nur so* können wir verhindern, daß die Verdrängung des Menschen durch die Technik oder durch Rentabilitätserwägungen der Unternehmen zu materieller Not und psychosozialem Elend führen. *Nur so* können die Verteilungskämpfe um Arbeit und Arbeitszeit minimiert und die schlummernden Reste von Solidarität in dieser immer gnadenloser werdenden Gesellschaft bewahrt und mobilisiert werden.

In ein solches Konzept muß der qualitative Aspekt von Arbeit einbezogen werden. Denn noch immer hält diese Gesellschaft falsche Arbeit parat, Arbeit, die Natur zerstört und das Soziale enteignet. In diesen Zusammenhang gehört auch die wieder aufzugreifende Forderung nach der Humanisierung der Arbeit. Hier verbirgt sich ein enormes produktivitätsförderndes Potential, das die Unternehmen ohne politischen Druck nicht nutzen werden.

Es ist fatal, Arbeitslosigkeit zu finanzieren statt sinnvolle, nützliche Arbeit zu erschließen, selbst wenn sie noch nicht marktfähig ist.

Eines der wichtigsten Mittel zur Verteilung der knapper werdenden Erwerbsarbeit ist die Arbeitszeitverkürzung. Daran führt weder in Westdeutschland noch in Ostdeutschland ein Weg vorbei. Arbeit muß aber auch verteilt werden zwischen Ost und West.

Arbeitszeitverkürzung ist zunächst dazu geeignet, dem Anstieg der Arbeitslosigkeit zu begegnen. Zwischen 1984 und 1988 lag die Steigerung der Produktivität in Westdeutschland im Durchschnitt um gut ein Prozent über der des wirtschaftlichen Wachstums. Ohne die Arbeitszeitverkürzungen seit 1984 wären der dem Wachstum enteilenden Arbeitsproduktivität etwa 200 000 Arbeitsplätze zum Opfer gefallen. Ohne die Arbeitszeitverkürzung läge die Arbeitslosigkeit im Westen deutlich höher als sie ohnehin schon ist. Arbeitszeitverkürzung kann also zumindest den Anstieg der Arbeitslosigkeit verlangsamen. Obwohl die Ursachen für die Arbeitslosigkeit in Ostdeutschland natürlich völlig andere sind, gilt dieser Zusammenhang auch dort.

In diesem Kontext sind immer wieder gegenteilige Stimmen zu vernehmen. Von einer Verlängerung der Arbeitszeit ist da die Rede, getreu dem Motto: Wer mehr Wohlstand haben will, muß mehr arbeiten. Ein Blick in die Statistik belegt die Unsinnigkeit dieser Forderung. Diese sagt uns nämlich, daß bei steigender Produktivität und wachsender Mechanisierung der Arbeit sich die Zahl der insgesamt geleisteten Arbeitsstunden über Jahre hinweg kaum verändert hat. 1975 betrug das Arbeitsvolumen ca. 47 Mrd. Stunden bei rund 26 Mio. Erwerbstätigen, das Jahr 1991 weist das gleiche Arbeitsvolumen bei ca. 29 Mio. Beschäftigten aus.

Es spricht nichts dafür, daß sich die Summe der geleisteten Arbeitsstunden in Zukunft erhöhen wird, im Gegenteil: sie wird tendenziell eher abnehmen. Weiteren Arbeitszeitverkürzungen sind aber – obwohl wünschenswert – aus Kosten- und damit Wettbewerbsgründen inzwischen Grenzen gesetzt. Neue Arbeitsplätze, die aus Wachstumseffekten resultieren, werden keine zusätzlichen sein, sondern mengenmäßig allenfalls an die Stelle jener treten, die Innovations- und Rationalisierungseffekten zum Opfer gefallen sind. Ohne eine Neuverteilung des Arbeitsvolumens auf die vorhandenen Arbeitskräfte ist eine Lösung der Beschäftigungskrise nicht möglich. Es sei denn, man nähme auch in Zukunft Verteilungsproportionen in Kauf, bei denen die einen vollbeschäftigt sind und die anderen bei einer Arbeitszeit von null Stunden verharren.

Ich weiß, man sollte sich vor allzu pathetischen Formulierungen hüten. Trotzdem sage ich: Die Bewältigung der Beschäftigungskrise ist eine Schicksalsfrage für unser Land und seine Gesellschaft. Der Problemberg, den ich bisher nur habe skizzieren können, ist durch die Rezession – ich habe es angedeutet – nicht kleiner geworden. Ein stimmiges Bild der Lage fällt notgedrungen dramatisch aus.

Die These vom „Ende der Arbeitsgesellschaft" war nie ganz richtig, denn Arbeit, die getan werden muß, gibt es schließlich genug. Das geschützte „Normalarbeitsverhältnis" ist bedroht – das „Normalarbeitsverhältnis", das auf Tarifverträgen gründet und von dessen Funktionstüchtigkeit unsere sozialen Sicherungssysteme abhängig sind. Der Arbeitsmarkt spaltet sich in fataler Weise auf. Andersartige, ungeschützte, unterbezahlte und pseudounternehmerische Beschäftigungsverhältnisse kamen und kommen hinzu: Teilzeitarbeit, Leiharbeit, illegale Arbeit, professionalisierte Familienarbeit (Tagesmütter z.B. ), ABM-Beschäftigte etc. Auf dem Arbeitsmarkt herrscht zusehends das Gesetz der Prärie. Sozial- und gesellschaftspolitische Errungenschaften werden systematisch unterlaufen.

Aus der Aufspaltung des Arbeitsmarktes folgt ein eigentümlicher Interessengegensatz, der die ohnehin schwindende Solidarität einer weiteren harten Bewährungsprobe aussetzt: Wer über einen festen, tarifvertraglich geschützten Arbeitsplatz verfügt, hat allen Grund, am Erhalt des status quo interessiert zu sein. Er wird sozial- und arbeitsmarktpolitische Maßnahmen dahingehend beurteilen. Ein jeder aber, der seinen Unterhalt in einem der genannten risikobehafteten „Teilarbeitsmärkte" verdient, hat allen Grund, nach der Überwindung des status quo zu trachten. Die an den Sozialstaat und die Arbeitsmarktpolitik gerichteten Erwartungen sind folgerichtig völlig andere. Der Widerhall, den die Bundesregierung mit ihrer (diffamierenden) Kampagne gegen den Mißbrauch sozialer Leistungen bei Teilen der Arbeitnehmer findet, wird dadurch allzu gut erklärlich. Gelingt es uns auf absehbare Zeit nicht, diese divergierenden Interessen zusammenzuführen und die so geartete Aufweichung des „Normalarbeitsverhältnisses" zu stoppen, wird der soziale Sprengstoff, den diese Situation birgt, explodieren.

Das ist nur ein Beispiel für einen Klassenkampf der besonderen Art. Ich könnte weitere thematisieren, etwa die Vereinbarkeit von Familie und Beruf oder die hierzulande herrschende Praxis der Personalabteilungen, ältere Arbeitnehmer durch jüngere zu ersetzen oder einfach zu entlassen, wenn der Absatz zurückgeht. Ich habe nicht den Eindruck, als ob die Wirtschaft die Folgen des demographischen Wandels begriffen hätte.

Der Bundeswirtschaftsminister hat für die Jahreswende eine Arbeitslosenzahl von vier Milionen in ganz Deutschland prognostiziert. Ich fürchte, er hat sich um zwei bis drei Millionen verrechnet. Die deutsche Wirtschaft befindet sich im freien Fall. In Westdeutschland ist die Wirtschaftsleistung in den ersten Monaten dieses Jahres *real* um 3,2 Prozent zurückgegangen. Unter der Voraussetzung, daß das Bruttoinlandsprodukt in gleichem Maße zurückgeht wie bisher, hat das eine Verringerung der Wirtschaftsleistung in der Größenordnung von 30–50 Milliarden DM im Vergleich zum ersten Halbjahr 1992 zur Folge. Damals wuchs die westdeutsche Witschaft noch um zwei Prozent. Jetzt schrumpft sie um drei Prozent. Der Absturz von Plus zwei auf Minus drei belegt den Tiefgang der Rezession. Die führenden Unternehmen rechnen mit Produktionseinbußen, Investitionskürzungen und Personaleinsparungen von rund vier Prozent in 1993. Darüber hinaus zeichnet sich für dieses Jahr ein Exportrückgang von 15 Milliarden DM ab.

In Ostdeutschland ist die Lage – wie könnte es auch anders sein – eingedenk des Ausgangsniveaus nach Einführung der Marktwirtschaft bei weitem trübseliger. Das Wirtschaftswachstum wird zurückgehen von 7,2 Prozent im Vorjahr auf nun 5,5 Prozent. Die Investitionstätigkeit ist im dritten Jahr nach der Vereinigung eher rückläufig. Das Wachstum der Investitionen wird von 34 Prozent im ersten Halbjahr 1992 auf 21 Prozent im ersten Halbjahr 1993 und 19 Prozent im zweiten Halbjahr zurückgehen. Die Deindustrialisierung Ostdeutschlands setzt sich unvermindert fort.

Wir müssen nicht mehr warten, bis die Rezession auf den Arbeitsmarkt durchschlägt. Die Zahl der Arbeitslosen und der Kurzarbeiter ist im ersten Halbjahr 1993 bereits deutlich angestiegen. Die Wirtschaftsforschungsinstitute rechnen für dieses Jahr mit einem Rückgang der tatsächlich Erwerbstätigen um etwa 550 000. Die Zahl derjenigen, die einen Arbeitsplatz suchen, wird um 250 000 höher sein als 1992. Das Defizit an Arbeitsplätzen wird infolgedessen um insgesamt 750 000 anwachsen, so daß am Ende des Jahres keine vier Millionen, sondern gut und gern sechs bis sieben Millionen Menschen ohne reguläre Arbeitsplätze sein werden.

Wie gesagt, ich rede von rezessionsbedingter Arbeitslosigkeit. Sie überlagert den tiefgreifenden strukturellen Wandel beim Einsatz des Faktors Arbeit im volkswirtschaftlichen Produktionsprozeß, macht ihn fast unsichtbar. Sie ergänzt die Sockelarbeitslosigkeit, die aus technologischen Sprüngen und einem sich verschärfenden Rationalisierungs- und Automatisierungstempo resultiert.

Wir sehen uns also einer doppelten Herausforderung gegenüber: Dem Kampf gegen die Rezession, von dem niemand präzise wird sagen können, wie lange er dauern wird, und dem Umbau eines gefährlich bedrohten Beschäftigungssystems, der wohl zur Jahrhundertaufgabe gerät. Jürgen Habermas hat die Herausforderung vor geraumer Zeit folgendermaßen beschrieben: „Die entscheidende politische Frage der nächsten Jahre wird es sein, ob dieses Thema – eine ‚gespaltene Gesellschaft‘ mit einem produktiven Kern von Beschäftigten und einem breiter werdenden, nur noch notdürftig alimentierten, vernachlässigten Rand der in Subkulturen und Ghettos Abgedrängten – aus der Öffentlichkeit herausgehalten oder zum Gegenstand politischer Auseinandersetzungen gemacht wird – und welche Seite, wenn das Problem thematisiert wird, sich durchsetzt: der Interessenegoismus einer Mehrheit, die ihren Besitzstand mit Klauen und Zähnen verteidigt ( ... ) oder aber die Solidarität derer, die noch drin sind, mit denen draußen. Das wird auch in erster Linie davon abhängen, ob sich die Gewerkschaften nach amerikanischem Muster auf eine closed shop policy verlegen, oder ob sie an die Solidartradition der Arbeiterbewegung anknüpfen. "

95

*Genau darum geht es.*

Die Alternative ist ebenso schlicht wie besorgniserregend: Entweder es gelingt, die verloren geglaubte Solidarität für den dringenden und drängenden Umbau des Beschäftigungssystems zu mobilisieren, oder wir werden dramatische Verteilungskämpfe mit schwerwiegenden sozialen, politischen und kulturellen Verwerfungen erleben, die diese wohlstandsverwöhnte und deshalb labile Gesellschaft in ihrer Substanz erschüttern werden.

Wer aber Solidarität aufbringen soll, muß das Gefühl haben, daß es gerecht zugeht. Mein Eindruck ist, die meisten Deutschen haben dieses Gefühl nicht – aus schlechtem Grund. Seit Jahren werden die Ansprüche an soziale Gerechtigkeit, an Verteilungsgerechtigkeit eklatant verletzt. Die Sockelarbeitslosigkeit in Deutschland ist von Rezession zu Rezession angewachsen. Während die Belastung der Arbeitnehmereinkommen durch Sozialabgaben unentwegt gestiegen ist, sind die zur Schaffung neuer Arbeitsplätze von allen Regierungen eingesetzten Steuersenkungen und Investitionsanreize immer den Besserverdiendenden zugute gekommen.

Es gibt auch im reichen Westen Deutschlands heute wieder eine breite Unterschicht, die von dauerhafter Arbeitslosigkeit oder Unterbeschäftigung, Wohnungsmangel und Obdachlosigkeit betroffen ist. Für diese Gruppe, zu der heute schon jeder Fünfte gehört, müssen Solidaritätsappelle als Provokation wirken. Soziale Deklassierungsängste sind bei einem weiteren Teil der Bevölkerung verbreitet. Wer also Solidarität einklagt, muß auch für Gerechtigkeit sorgen.

Eine Politik, die die erforderlichen Strukturreformen auf die lange Bank schieben will und sich ausschließlich auf die Bekämpfung der Rezession konzentriert, greift zu kurz, greift gefährlich zu kurz. Allein eine Konjunkturbelebung bringt nicht das Ende unserer Probleme, sie kaschiert lediglich, läßt gerademal Zeit zum Luft holen. Nur ein radikales Hinterfragen bestehender Strukturen lindert die längst ausgebrochenen Verteilungskämpfe um Arbeit.

Die Konzepte, die die Politik gegenwärtig anzubieten hat, werden der Dimension der Herausforderung (noch) nicht gerecht. Ich behaupte sogar, daß wir sie nicht einmal vollständig und adäquat aufgenommen haben, wir sind allenfalls auf dem Wege dorthin. Ich schließe die Sozialdemokratie in diese Kritik mit ein. Es soll nicht beschönigend oder gar entschuldigend klingen, wenn ich sage, daß eine solche Häufung von Kontinuitätsbrüchen auch mitunter schwer zu erfassen ist. Gewiß, die Bundesregierung muß sich gravierende Fehler und Versäumnisse vorwerfen lassen. Mancher politische Mißgriff der Vergangenheit macht sich zwar erst heute bemerkbar, aber vieles hätte man zumindest ahnen können. Warnungen gab es ja genug. Und um die gesellschaftlichen Spaltungsprozesse weiß man auch nicht erst seit gestern. An Sachverstand mangelt es der Politik nicht, vielmehr sind es Defizite im Vorstellunsvermögen, Defizite an politischer Phantasie, an antizipierenden Fähigkeiten und an Mut, auch einmal gegen den Strich zu bürsten.

Ich halte meiner Partei zugute, mit der Diskussion über unkonventionelle Schritte begonnen zu haben, ohne öffentliches Getöse, dafür aber sorgfältig. Ich nenne Stichworte unserer Diskussion.

Wir brauchen eine grundlegende Neuorientierung der Arbeitsmarktpolitik. So, wie sie heute vom Staat organisiert wird, ist sie isoliert, mit anderen Politikfeldern nicht oder nur ungenügend verknüpft. Die Arbeitsförderung – nichts anderes als Ersatzfunktion für die Wirtschaftspolitik – stößt an die Grenze ihrer Finanzierbarkeit, es sei denn, man geht zu Leistungskürzungen im System über. Das freilich hätte dessen völlige Wirkungslosigkeit zur Konsequenz.

Arbeitsmarktpolitik ist immer erst dann gefragt gewesen, wenn sich die Folgen wirtschafts- und finanzpolitischer Entscheidungen oder Entwicklungen negativ auf dem Arbeitsmarkt bemerkbar machten. Eine vorausschauende Arbeitsmarktpolitik gibt es praktisch nicht. Chancen und Risiken wurden im Hinblick auf ihre Arbeitsmarktwirkungen bisher nicht berücksichtigt. Das bedeutet, daß Maßnahmen zur Verwaltung von Arbeitslosigkeit – also die Zahlung von Arbeitslosengeld und -hilfe oder die Arbeitsvermittlung – ein noch immer stärkeres Gewicht haben als Maßnahmen zur Vermeidung oder zumindest Verkürzung der Arbeitslosigkeit wie z.B. Qualifizierung und Umschulung. Arbeitsmarktpolitik bleibt damit natürlich rein defensiv. Es wäre deshalb zweckmäßig, würde man künftig Finanzleistungen zur Verhinderung wirtschaftlicher Not bei Arbeitslosigkeit direkt oder indirekt mit Qualifizierungsmaßnahmen verbinden. Auf weiteres ist hinzuweisen:

*Erstens:*

Arbeitsmarktpolitik muß aus ihrer Isolierung herausgeführt werden. Es bedarf einer Verzahnung von Wirtschafts-, Struktur-, Bildungs- und Arbeitsmarktpolitik, und sie muß eingebettet werden in lokale und regionale Bezüge.

*Zweitens:*

Zwischen 1980 und 1989 wurden 220 Milliarden DM für die passive, aber nur 103 Miliarden DM für aktive Arbeitsmarktpolitik ausgegeben. Diese Schieflage hält an. Eine Umschichtung muß so schnell wie möglich eingeleitet werden.

*Drittens:*

Wir müssen die Arbeitsverwaltungen von übermäßiger Bürokratie und interner Regulierung und Zentralisation befreien zugunsten regionaler Beweglichkeit und Kompetenz.

*Viertens:*

Weil Arbeitsmarktpolitik der ganzen Gesellschaft dient, muß diese sich auch insgesamt an der Finanzierung beteiligen. Es spricht viel für die Einführung eines dualen Finanzierungssystems: Die passive Arbeitsmarktpolitik wird wie bisher aus der Arbeitslosenversicherung bezahlt, die aktive aber über eine Abgabe *aller* Erwerbstätigen und ihrer Arbeitgeber. Gegebenenfalls muß über einen Bundeszuschuß nachgedacht werden. Beide Finanzierungsquellen müssen von der Bundesanstalt für Arbeit verwaltet werden.

*Fünftens:*

In der Arbeitsförderung müssen Elemente, die Frauen diskriminieren, beseitigt werden.

*Und sechstens:*

Wir müssen die Arbeitsförderung für Langzeitarbeitslose verstetigen.

98

In der Not frißt der Teufel Fliegen. Das heißt aber nicht, daß er sich auf Dauer damit begnügen würde. Ähnlich verhält es sich im Verhältnis von „Zweitem" zu „Erstem Arbeitsmarkt". Der „Zweite Arbeitsmarkt", als Stütze, Brücke und Auffangbecken hat eine nützliche und unverzichtbare Funktion. Er wirkt aber dort kontraproduktiv, wo er in Konkurrenz zum regulären Arbeitsmarkt tritt. Ich will zur Illustration ein Beispiel nennen: Die Motivation für den Einsatz des ABM-Instrumentariums auf kommunaler Ebene hat sich entgegen anders lautenden Bekundungen doch deutlich verändert. Neben die Hilfe für Arbeitslose tritt zunehmend das Motiv der Entlastung kommunaler Haushalte. Große Teile öffentlicher Diensleistungen kämen heute ohne ABM-Kräfte gar nicht mehr aus. Da hier unverzichtbare Arbeit geleistet wird, wäre die Umwandlung in sichere Dauerarbeitsplätze dringend geboten.

Ähnliches gilt für den Pflege- und Krankenhausdienst. Ein an sich vernünftiges Instrument des „Zweiten Arbeitsmarktes" gereicht so zum Schaden des ersten, weil es die Einrichtung geschützter, regulärer Arbeitsverhältnisse behindert. Eine weitere Überlegung zur Diskussion ist mit dem Stichwort „Negativsteuer" angesprochen. Angenommen, die Verkürzung der Arbeitszeiten stoße nicht nur an Grenzen der Finanzierbarkeit, sondern auch an arbeitsorganisatorische auf betrieblicher Ebene (wofür einiges spricht), dann könnten wir nicht mehr damit rechnen, daß das gegenwärtige Beschäftigungsdefizit in erster Linie durch die Umverteilung des Arbeitsvolumens überwunden werden könnte. Es müßten vielmehr zusätzliche Beschäftigungsfelder erschlossen werden. Es ginge um Arbeitsplätze, die es noch nicht gibt, weil sie für die Arbeitgeber zu den derzeitigen Arbeitskosten nicht rentabel wären – und weil sie für die Arbeitslosen zu den dort bezahlbaren Löhnen nicht attraktiv genug wären. Die Frage ist, ob es für diese Problemstellung eine Lösung geben kann, ohne daß die selbstverständlich gewordenen Mindeststandards des Sozialstaats aufgegeben werden müßten. Eine solche Lösung böte – ich stelle das zur Diskussion – eine „negative Einkommensteuer", wie sie Fritz Scharpf wieder vorgeschlagen hat. Durch politische Entscheidung würden zwei Einkommensebenen definiert – das etwa dem derzeitigen Sozialhilfesatz entspre-

99

chende Subsistenzeinkommen und ein sozial akzeptables Niedrigeinkommen, von dem an die Steuerpflicht beginnen würde. Wer ohne jedes eigene Einkommen, aber arbeitsfähig ist, erhielte das Subsistenzeinkommen. Wer arbeitet, aber weniger als das Niedrigeinkommen verdient, erhielte einen staatlichen Zuschuß, der sich mit steigendem Einkommen vermindert und bei Erreichen des Niedrigeinkommens ganz wegfällt. In diesem Falle würde sich legale Arbeit für einen Arbeitslosen wieder lohnen, eine Chance für die Wiedereingliederung in das Beschäftigungssystem böte sich.

Ein solcher Vorschlag hat gewiß seine problematischen Seiten, aber ich halte ihn für diskussionswürdig. Denn es geht in ihm darum, das heute wirksame Alles-oder-Nichts-Prinzip, nach dem der Lebensunterhalt entweder vollständig durch Sozialleistungen oder vollständig durch eigenes Erwerbseinkommen bestritten wird, durch einen gleitenden Übergang von der einen zu der anderen Form zu ersetzen. Mit einer solchen Lösung könnte die gegenwärtige strikte Trennung zwischen denen, die in die Arbeitswelt integriert sind, und denen, die dazu verurteilt bleiben, an oder unterhalb der Armutsgrenze zu leben, wieder durchlässig werden. Es geht hier also nicht um einen zweiten Arbeitsmarkt, sondern um die Erweiterung des ersten durch – wie ich finde – vernünftige staatliche Unterstützungsleistungen. Eine vorletzte Bemerkung: Eine konsequente Mißbrauchsbekämpfung kann den Staatshaushalt um mehrere Milliarden Mark entlasten. Ich beziehe mich damit nicht auf die Aufforderung der Bundesregierung an die Arbeitsverwaltungen, verstärkt der mißbräuchlichen Nutzung von Leistungen aus dem Arbeitsförderungsgesetz nachzugehen. Eine vorrangige Orientierung *darauf* halte ich für falsch. Nein, das Hauptmerkmal von Mißbrauch auf dem Arbeitsmarkt ist die illegale Beschäftigung, für die in erster Linie die Arbeitgeber verantwortlich sind. Allein im Baugewerbe werden nach Angaben der zuständigen Tarifvertragsparteien rund 400 000 Menschen illegal beschäftigt. Unterstellt, daß pro Jahr und illegalem Arbeitsplatz eine Bruttowertschöpfung von 80 000 DM entsteht, gehen bei vorsichtig angesetzten durchschnittlichen Steuern und Abgaben dem Fiskus und den Sozialversicherungen wenigstens 12 Milliarden DM verloren. Verläßliche Schätzungen gehen von einer Million illegaler Beschäftigungen in Deutschland aus. Die Größenordnung hinterzogener Steuern und Versicherungsbeiträge liegt – vorsichtig angesetzt – bei über 25 Milliarden DM. Die Sozialschädlichkeit illegaler Beschäftigung entspricht damit ungefähr den Gesamtsteuereinnahmen der ostdeutschen Länder im Jahre 1992. Hier besteht enormer Handlungsbedarf.

Die SPD-Bundesfraktion hat den Entwurf eines „Arbeits- und Strukturförderungsgesetzes" vorgelegt. Dieser Gesetzentwurf ist bestimmt nicht der Weisheit allerletzter Schluß, enthält m. E. aber wichtige Instrumente für eine vorausschauende Arbeitsmarktpolitik. Ich sage das nicht aus sozialdemokratischer Pflichterfüllung, sondern weil ich wirklich davon überzeugt bin.

Dieser Entwurf bekräftigt den Vorrang des „Ersten Arbeitsmarktes", skizziert gleichzeitig die Funktionen eines notwendigen „Zweiten Arbeitsmarktes" und benennt die Verbindungen zwischen beiden. Er enthält eine Vielzahl wirtschaftsnaher Förderinstrumente wie Lohn- und Sachkostenzuschüsse, Einarbeitungszuschüsse etc. zur Schaffung von Dauerarbeitsplätzen. Es sollen vor allem Projekte zur Strukturverbesserung gefördert werden, die im öffentlichen Interesse liegen, ebenso vom technischen Wandel betroffene Betriebe und Existenzgründungen von Arbeitslosen. Er enthält die bessere Förderung von Zielgruppen, etwa älterer Langzeitarbeitsloser. Er sieht ein Strukturanpassungsgeld und ein Altersübergangsgeld in Regionen mit einem hohen Anteil älterer Arbeitsloser vor. Er will die Lohnausfalleistungen langfristig durch eine Soziale Grundsicherung ersetzen. Er verbindet Kurzarbeit mit Qualifikation. Er bezweckt die Durchführung von fünf Jahre laufenden Projekten, insbesondere von „Sozialen Betrieben". Er hat die Frauenförderung verankert. Er verlagert das Schwergewicht der Bundesanstalt für Arbeit auf die Arbeitsvermittlung.

Wir hoffen, mit diesem Entwurf einen Anfang gemacht zu haben. Er wäre, Verwirklichung vorausgesetzt, in der Lage, den Problemdruck zu minimieren, den Übergang zu organisieren.

Gleichwohl bleibt richtig: Ohne den Mut, das Arbeits- und Beschäftigungssystem unseres Landes grundlegend zu reformieren, die verbliebene Arbeit neu zu verteilen, werden wir nichts gewinnen.

ULF FINK

# Arbeit ist mehr als Broterwerb

Arbeit ist eine zentrale Grundbestimmung menschlichen Lebens. Sie ist im Zusammenhang von Annahme und Entfaltung menschlicher Würde zu sehen, und sie hat in jeder geschichtlichen Epoche die Gesellschaft und ihre Entwicklung erheblich beeinflußt.

Erwerbsarbeit ist bei uns zur Achse der Lebensführung geworden. Zusammen mit der Familie bildet sie das zweipolige Koordinatensystem, in dem das Leben in dieser Epoche befestigt ist.

Dies läßt sich im idealtypischen Lebenslängsschnitt einer intakten industriellen Welt veranschaulichen. Bereits in der Kindheit, noch ganz in die Familie eingebunden, erfährt der Heranwachsende den Beruf über den Vater als den Schlüssel zur Welt. Später bleibt Ausbildung durch alle Stationen hindurch auf das in ihr nicht vorhandene „Jenseits" des Berufs bezogen. Das Erwachsensein steht ganz unter den Sternen der Erwerbsarbeit, nicht nur allein aufgrund der zeitlichen Beanspruchung durch die Arbeit selbst, sondern auch deren Verarbeitung oder Planung in der Zeit außerhalb, davor und danach. Selbst „Alter" wird durch Nichtberuf definiert. Es fängt dort an, wo die Berufswelt die Menschen entläßt – egal, ob sie sich alt fühlen oder nicht.

Beruf und Arbeitsplatz stellen eine unverzichtbare lebensbegründende Verankerung dar. „Arbeit für alle" ist und bleibt der kategorische Imperativ der Arbeitsgesellschaft. Jedoch kommt es darauf an, die Probleme der Arbeit nicht länger isoliert und vereinseitigt zu betrachten. Es ist offenbar nicht mehr möglich, den Arbeitsmarkt- und Beschäftigungsproblemen gerecht zu werden, wenn man sie weiterhin nur im sehr engen Zusammenhang von Preisen und Löhnen, Angebot und Nachfrage, Qualifikation und Mobilität betrachtet.

Alles das ist sehr wichtig. Aber es gibt noch weitere, nicht minder wichtige Bedingungen, die das Arbeitsleben der

Menschen bestimmen: Nämlich ihr ganz persönlicher sozialer Hintergrund, ihr Lebensweg, ihre Stellung im sozialen Gefüge und vergleichbare Sachverhalte.

Wenn man den Arbeitsmarkt nicht mehr nur ausschließlich im Rahmen seiner eigenen begrenzten Logik untersucht, sondern ihn auch auf die Erfordernisse der Personen und ihrer Lebensgemeinschaften bezieht, werden sich viele der jetzigen Beschäftigungsprobleme leichter und schneller lösen lassen. Vielleicht wird sich bald die Einsicht durchsetzen, daß eine Politik der Vollbeschäftigung nicht ausschließlich Wirtschafts- und Tarifpolitik sein kann. Wenn man nicht länger von den Menschen und ihren Familien erwartet, daß sie sich umstandslos an alles anpassen, was die industrielle Arbeitswelt und der Arbeitsmarkt vorgeben, und wenn man bei der Gestaltung von Arbeitswelt und Arbeitsmarkt davon ausgeht, was die Menschen brauchen und wollen, wird man feststellen, daß dies für beide Seiten große Vorteile mit sich bringt.

Anders gesagt – in einer vielleicht etwas überholten Sprache: Man kann nicht erwarten, daß das Verhältnis von Kapital und Arbeit aufgeht, wenn man es einseitig von der Kapital- und Marktseite her zu bestimmen gedenkt. Synergie kann es nur bei einer durchlässigen wechselseitigen Bezogenheit geben. Doch der Dreh- und Angelpunkt dieser Wechselseitigkeit liegt in einem menschenwürdigen und sinnerfüllten Dasein und damit im Vorrang der Arbeit des Menschen gegenüber den Kapital-Bewegungen des Systems.

Dieser Standpunkt hat eine lange und solide Tradition: Die Tradition der christlichen Soziallehre. Sie läßt sich sogar bis zu den Benediktinern und ihrem Wahlspruch „ora et labora" („bete und arbeite") zurückverfolgen. Darin steckt, wie wir heute sagen würden, ein gesellschaftspolitisches Programm. Alle Bemühungen haben ein Ziel, wie Oswald v. Nell-Breuning schreibt, nämlich die „Vermenschlichung der Arbeitswelt" und eine Grundannahme als Ausgangspunkt, nämlich daß der innere und der äußere Mensch zusammengehören. Das äußere Leben ist geprägt von Arbeit, vom aktiven Tätigsein, Werktag für Werktag, Jahr um Jahr, ein ganzes Leben lang. Ohne Arbeit gibt es kein sinnerfülltes Leben; ebensowenig gibt es in der modernen

Wirtschaftsgesellschaft ein sinnerfülltes Leben ohne Erwerbstätigkeit.

„Die Arbeit ist es", so Nell-Breuning, „die den meisten Menschen ihren Platz anweist in der Gesellschaft. Die ganz überwiegende Zahl der Menschen steht als Arbeitnehmer in unselbständiger Erwerbstätigkeit. Unsere heutige Gesellschaft ist eindeutig von der Arbeit geprägt".

Die Erwerbstätigkeit wird ihren zentralen Stellenwert im menschlichen Leben behalten. Dies ist auch wünschenswert im Interesse der Selbstverwirklichung und Selbstachtung des Menschen. Beruf und Erwerbsarbeit besitzen eine so große Bedeutung für die Menschen, weil sie nicht nur dem Broterwerb dienen, sondern mehr noch einen wichtigen Bereich der Selbstverwirklichung des Menschen darstellen, seiner personalen Freiheit, seiner Eigenständigkeit und Unabhängigkeit.

Arbeit ist wichtig für die Gesellschaft wegen ihrer Produktivität, die allen nützt. Arbeit ist ebenso wichtig für die Personen wegen ihrer befreienden emanzipatorischen Wirkung und wegen des an die Leistung der einzelnen Personen gebundenen Erwerbseinkommens. Nur so ist eine Gesellschaft möglich, in der Geburt und Herkunft kein unentrinnbares Schicksal sind, sondern in der man die Chance hat, durch Eigenleistungen für die Gesellschaft etwas aus sich zu machen.

Der Vorrang, den die christliche Soziallehre der Arbeit gegenüber dem Kapital einräumt, würde mißverstanden, wenn man die Sache so hindrehte, als sei Lohnarbeit das Wichtigste im Leben. Auch wenn der Erwerbstätigkeit ein sehr wichtiger und ganz zentraler Stellenwert eingeräumt werden muß, so ist es dieser Stellenwert doch nicht allein. Arbeit im Erwerbsleben umfaßt noch nicht die ganze Arbeit, so wenig wie Erfüllung im Beruf schon ein erfülltes Leben bedeutet.

Neuerdings wird viel darüber nachgedacht, wie man den Arbeitsbegriff neu definieren müßte, um ihn weiter zu fassen. Das klingt nebulös, und es suggeriert etwas ganz Unmögliches. Man kann gesellschaftliche Sachverhalte, zumal so zentrale wie die Arbeit, nicht einfach willkürlich neu definieren. Was aber hier erneut ins Bewußtsein dringt, ist eine uralte Tatsache, die in der christlichen Soziallehre immer lebendig geblieben ist, auch zu Zeiten, in denen es nicht opportun war, von anderen Formen der Arbeit zu sprechen. Nicht nur, daß es zusammen mit dem äußeren auch ein inneres Leben, eine geistig-seelische Selbstentfaltung gibt. Schon das äußere Leben, die Arbeit, erschöpft sich nicht in der 35- oder 40-Stunden-Woche am Arbeitsplatz.

Arbeit ist mehr als Lohnarbeit. Auch die Arbeit hat zwei Gesichter. Person, Familie und Gemeinschaft haben ihrerseits ein äußeres Leben, daß von Arbeit getragen wird, von Arbeit in jenem umfassenden Sinn, wie die christliche Soziallehre sie versteht – als aktives Tätigsein zu praktischen Zwecken im Rahmen und im Dienste der Gemeinschaft. Hier tritt neben die Lohnarbeit die Hausarbeit, die Nachbarschaftshilfe, das Heimwerken, Ehrenämter in der Freizeit, und eben nicht zuletzt die Sozialarbeit, die Tätigkeit in der Sozialzeit. Neuerdings nennt man letztere unter speziellen Gesichtspunkten auch Erziehungsarbeit, Betreuungsarbeit, Pflegearbeit oder Beziehungsarbeit. Womöglich sind diese Ausdrücke zu sehr dem Laborismus des 19. Jahrhunderts verhaftet. Vielleicht wäre es doch besser, wie bisher von Tätigkeiten zu sprechen. Die Industriegesellschaft ist schließlich kein globales Arbeitslager.

Wenn jedenfalls die christliche Soziallehre davon spricht, daß die Arbeit der Dreh- und Angelpunkt der sozialen Frage ist, dann ist dies nicht im engen Sinn des 19. Jahrhunderts und der bloßen Lohnarbeit gemeint, sondern in jenem weiteren Sinn, der auch die anderen Formen der Arbeit mit einschließt. Das Arbeitsverständnis der modernen Industriegesellschaften ist immer noch zu einseitig auf Erwerbsarbeit reduziert. Jedoch sind die anderen Formen der Arbeit oder des Tätigseins für unsere Gesellschaft genauso unverzichtbar. Sie genießen dennoch wenig Anerkennung und führen ein Schattendasein im Bewußtsein der Öffentlichkeit. Eine Aufwertung der Arbeit, die nicht als Erwerbsarbeit geleistet wird, ist dringend notwendig. Diese Aufwertung muß ideell, sie muß aber auch materiell erfolgen. Bislang sind unsere Erwerbsarbeitswelt und unsere alltägliche Lebenswelt noch überwiegend starr und auf sich selbst zentriert. In Zukunft muß erkannt werden, daß Arbeitszeit und Freizeit noch nicht alles im Leben sind.

Schon immer gab es zwischen beiden eine dritte Zeit – die Sozialzeit, die Zeit, in der man für andere Menschen, für den Dienst am Nächsten da ist. Man schlug diese Sozialzeit bisher einfach der Freizeit zu, aber ein so simples Weltbild ist heute nicht mehr aufrechtzuerhalten. Die Sichtweise, daß Arbeitszeit sich zusammensetzt aus bezahlter Erwerbsarbeit im Beruf und unbezahlter Hausarbeit, ist inzwischen fast Allgemeingut geworden. Sinngemäß gliedert sich aber auch die Freizeit in einen Teil, in dem man frei ist, für sich selbst etwas anzufangen, Sport zu treiben, den Fernseher anzuschalten oder zu meditieren, auszugehen oder in Urlaub zu fahren, und jenen weiteren Teil, in dem man frei ist, sich anderen Menschen zu widmen – den Kindern, den Eltern, Verwandten, Freunden, Nachbarn.

Häufig ist zur gleichen Zeit das eine mit dem anderen verbunden. Aber im Zuge der Differenzierung der Lebensverhältnisse ist es doch so, daß bestimmte Stunden schwerpunktmäßig und vorrangig einer bestimmten Art von Tätigkeit gewidmet sind – der Erwerbsarbeitszeit, der Hausarbeitszeit, der Sozialzeit oder der Freizeit.

Ein hoher Stellenwert der Sozialzeit ist ein grundlegendes Moment beim Neuknüpfen der sozialen Netze, der Wiederaneignung des Sozialen, der Entfaltung einer selbstbewußten Kultur des Helfens. Im familiären Haushalt, für Angehörige unter einem Dach, ist die Sozialzeit noch am selbstverständlichsten; für Angehörige, die entfernt leben, schon etwas weniger. Auch für Freunde und gute Nachbarn ist man bereit, ein gewisses Maß an Hilfsbereitschaft aufzubringen. Aber die Mitbürger, die einem fremd sind, sind auch meistens weit entfernt aus unserem sozialen Gesichtsfeld und Aktionsradius.

Es besteht also, von der Einzelperson her betrachtet, ein Gefälle des sich Angesprochenfühlens und somit auch der Motivation, sich praktisch zu engagieren. Auch hier müssen wir anknüpfen, wenn Arbeit mehr ist als nur Broterwerb.

Festzuhalten bleibt, daß die Zukunft der menschlichen Arbeit davon abhängen wird, wie die Strategien der Arbeitsverteilung mit dem Ziel der Sinnerfüllung des tätigen Lebens verbunden werden können. Die Probleme der Arbeitswelt und des Arbeitsmarktes sind offenbar sehr vielschichtig. Wer den Eindruck erweckt, es gäbe irgendwelche Patentrezepte zur Überwindung der Arbeitslosigkeit, der ist nicht ernst zu nehmen. Einen Königsweg zur Vollbeschäftigung gibt es nicht. Der Vollbeschäftigungsgipfel, um im Bild zu bleiben, wird wohl nur über eine Mehrzahl von schmalen, steilen und gewundenen Gebirgspfaden zu erreichen sein.

Wir müssen neue Wege gehen, um die Arbeitszeiten sachgerecht und zweckdienlich umzugestalten. Denn mit den bisher schon erreichten allgemeinen Arbeitszeitverkürzungen wird bereits der Gleichlauf von Arbeitszeit und Betriebszeit aufgelöst. Arbeitszeit und Betriebszeit sind unwiderruflich im Begriff, auseinanderzutreten. Sie werden zwar auch in Zukunft voneinander abhängig bleiben, denn die menschenlose Robotergesellschaft wird es nie geben. Aber Arbeitszeit und Betriebszeit werden nicht mehr miteinander identisch sein, weder in der Privatwirtschaft, noch im öffentlichen Dienst.

Je mehr die Arbeitszeit und die Betriebszeit sich voneinander entkoppeln, umso weniger sind flächendeckende Einheits- und Standardlösungen nach traditionellem Muster noch möglich, und um so mehr wird Einzelfallgerechtigkeit, sicherlich in den Grenzen einheitlicher und allgemein verbindlicher Rahmenbestimmungen, erforderlich. Es gibt eine im einzelnen kaum übersehbare Vielzahl von Möglichkeiten, die Arbeitszeit zu gestalten.

Immer geht es darum, die Interessen der Arbeitnehmer und die Interessen des Betriebes aufeinander abzustimmen. Dies ist organisatorisch sicherlich komplizierter als früher, aber es schafft eben auch eine größere Produktivität und Effizienz, eine bessere Person- und Bedürfnisgerechtigkeit und damit mehr Zufriedenheit und Gewinn für beide Seiten. „Maßarbeit", Arbeitszeit nach Maß, im Interesse der Arbeitnehmer ist möglich.

Der neue und interessante Entfaltungsspielraum für Arbeitnehmer liegt heute nicht mehr nur darin, in immer kürzerer Zeit immer mehr zu verdienen, sondern mindestens ebenso, über die Verwendung von Geld und Zeit selbstverantwortlich zu disponieren. Zeitsouveränität für Arbeitnehmer – dies ist ein Leitbild, das modernen Mitarbeitern und Mitarbeiterinnen auf den Leib geschneidert ist. Und es dient nicht nur der Humanisierung der Arbeit und der Mitbestimmung am Arbeitsplatz, sondern ebenso dem

Arbeitsmarkt und der Überwindung der Arbeitslosigkeit. Denn Zeitsouveränität für Arbeitnehmer bedeutet, daß sich viele Arbeitnehmer für weniger Stunden als den Normalarbeitstag entscheiden. Der Effekt ist eine kleinräumig integrierte und bedürfnisgerechte Verkürzung der individuellen Arbeitszeiten und somit die organische Verteilung des vorhandenen Arbeitsvolumens auf mehr Arbeitsplätze.

Leben wir, um zu arbeiten, oder arbeiten wir, um zu leben?

Beides wäre gleichermaßen fatal. Die Engführung der Arbeit und ein auf Arbeit verengtes Leben bedingen sich wechselseitig. Das erste ist gewiß schon ein Stück weit beängstigende, zerstörerische Wirklichkeit – und das zweite leider immer noch die prägende Erfahrungsrealität vieler. Doch die Alternative kann nicht heißen, Arbeit als nicht humanisierbaren elementaren Lebensbestandteil einfach hinzunehmen.

Dies wäre der Anfang vom Ende: Die schlechte Utopie einer Gesellschaft, deren einer Teil sich „zu Tode" arbeitet, während der andere Teil sich „zu Tode" langweilt.

Es geht um die Wiederaneignung der Arbeit um die Wiedergewinnung der Arbeit als komplexe, vielfältig motivierte menschliche Gesamttätigkeit, um die Rückeroberung der sozialen Dimension der Arbeit. Wo Arbeit ist, muß Tätigkeit werden. Arbeit muß Bestandteil des bewußten Lebens und Selbsterlebens werden. Wir müssen, auch während wir arbeiten, das Gefühl haben, daß wir leben.

FRANK NIETHAMMER

# Verantwortung des Unternehmers in der Arbeitswelt

„Verantwortung", „Sinn", „Arbeit": diese Wörter haben, besonders im Deutschen, ein großes Gewicht, sie sind „bedeutungsschwanger". Wer sich mit ihnen befaßt, spürt das Herz höher schlagen, Schweiß tritt auf die Stirn, die sich in gedankenschwere Falten legt. – Ich will dem Thema nicht den Ernst absprechen, der ihm gebührt, gleich zu Beginn aber klar stellen, daß Verantwortung nicht nur „schwer", Sinn nicht nur „tief" und Arbeit nicht nur „anstrengend" ist. Ich möchte dazu Sten Nadolny zitieren, der auch den Roman „Entdeckung der Langsamkeit" verfaßt hat:

„Was Arbeit im Leben der Menschen ist und sein kann, darüber sind die Meinungen oft recht verzerrt. Ich meine da besonders zwei Auffassungen, die auch durch ihr ehrwürdiges Alter nicht richtiger werden:

– Die eine betrachtet Arbeit als Lebenseinschränkung, Opfer und Zumutung. Sie kommt zu dem Ergebnis, man müsse Arbeit im Interesse der Menschenwürde auf ein Minimum beschränken, damit endlich gelebt werden könne.

– Die zweite sieht in Arbeit und Anstrengung zwar gerade den Sinn des Lebens, aber auf eine ziemlich selbstquälerische Weise. Auch hier steht das Opfer im Vordergrund: Der Arbeitende opfert sich für die Gemeinschaft oder die höchsten Ziele oder beides. Man könnte meinen, er liebe die Arbeit, aber gerade das tut er nicht. Er braucht sie nur, um sich und anderen sagen zu können: „An mir liegt es nicht, daß alles so gekommen ist, denn ich habe mein Bestes gegeben – ich habe pro Tag länger gearbeitet als alle anderen."

Die beiden Auffassungen sind nur scheinbar gegensätzlich – sie haben die gleiche Wurzel und richten dadurch Schaden an, daß sie Menschen mit der lähmenden Idee infizieren, Arbeit sei das Gegenteil von Leben und Lebensreichtum, und ihr Wert liege in ihrem Kraftverbrauch, nicht in ihrem Gelingen. Beide verbauen manchmal einem Menschen recht dauerhaft den Weg zum gelungenen Leben, denn sie können eine Mentalität herstellen, für die Arbeitsfreude – als Freude am Gelingen – fast schon Verrat ist." (In: Langsamkeit entdecken, Turbulenzen meistern, Düsseldorf 1992)

Arbeitsfreude ist das Ergebnis und das Erkennungsmerkmal sinnvoller Arbeit – nicht ihre Ursache. Was also gibt der Arbeit Sinn?

*Wann ist Arbeit sinnvoll?:*

– Wenn sie auf ein Ziel ausgerichtet ist, das man sich selbst gesteckt hat, oder auf ein übernommenes, das man bejaht.
– Wenn Aufwand und Effekt in einem angemessenen Verhältnis stehen, wenn also die mit der Arbeit verbundene Anstrengung das Ziel wirksam näher bringt.
– Wenn die Bedingungen der Arbeit die Erreichung des Ziels fördern.
– Daraus folgen das Bewußtsein, mit der eigenen Arbeit zur Verwirklichung des Ziels beizutragen – die Freude am Gelingen – („innerer" Lohn), die Teilhabe am Erfolg (materieller Lohn, Anerkennung im Unternehmen) und der Stolz auf die Leistung (gesellschaftliche Anerkennung).

*(Abhängige) Arbeit wird als sinnlos erfahren:*

– Wenn die Unternehmensziele nicht deutlich sind, als beliebig und austauschbar erscheinen oder den Wertvorstellungen des Arbeitnehmers zuwiderlaufen – z. B. die Herstellung schädlicher Produkte.
– Wenn unnötige Anstrengungen verlangt werden, das Ziel also durch bessere Geräte, technische Hilfsmittel, bessere Ausbildung, rationelle Arbeitsorganisation leichter erreicht werden könnte.
– Wenn Arbeitsbedingungen zugemutet werden, die die Arbeit unnötig erschweren, – z. B. Gefahren, Lärm, Schmutz, Belästigungen, schlechtes Betriebsklima.

- Wenn nicht deutlich wird, was die eigene Arbeit bewirkt („Auf mich kommt's doch nicht an"-Gefühl), der Lohn als zu niedrig empfunden wird, die innerbetriebliche und gesellschaftliche Anerkennung fehlen.

Der Unternehmer ist dafür verantwortlich, daß das erste gewährleistet ist und das zweite vermieden wird. Er ist also dafür verantwortlich, daß in seinem Unternehmen sinnvolle Arbeit geleistet wird und daß die Arbeitnehmer deren Sinn erfahren können. Insofern stimmt der Titel des Buches von Walter Böckmann: „Wer Leistung fordert, muß Sinn bieten" (Düsseldorf 1984). Der Unternehmer ist aber nicht verantwortlich für den Sinn des Lebens überhaupt der in seinem Unternehmen Beschäftigten. Dies ist jeder einzelne ganz persönlich.

# 1. Die Verantwortung des Unternehmers für den Erfolg

Voraussetzung dafür, daß in einem Unternehmen sinnvoll gearbeitet werden kann, ist sein Bestand und die begründete Erwartung, daß es weiter bestehen wird. Deshalb muß sich die grundlegende Verantwortung des Unternehmers darauf richten, den Bestand des Unternehmens zu sichern. Dies ist bei einem Wirtschaftsunternehmen nur durch kreative Weiterentwicklung und nicht durch konservierendes Bewahren möglich. Meßbares Erkennungsmerkmal für den Erfolg eines Unternehmens ist der Gewinn. Wenn ein Unternehmen auf Dauer Verluste macht, gar in Konkurs geht, ist in der Regel die Unternehmensleitung dafür verantwortlich – von den Fällen abgesehen, in denen ausschließlich äußere Gründe die Ursache sind, wie z.B. das Wegbrechen ganzer Märkte aufgrund von politischen Umwälzungen wie zur Zeit in Osteuropa.

Rudolf Mann (Gewinn als Lebenssinn, in: Blick durch die Wirtschaft, 25. 8. 1992) bezeichnet den Gewinn sogar als Symbol für Lebenssinn und begründet das so: „Ist das, was wir tun, mehr wert als das, was wir dazu verbrauchen? Wenn nichts übrig bleibt, war die Leistung nichts wert. Wenn ich etwas tue, das nichts wert ist, macht es keinen Sinn. Ist der Verlust ein Zeichen für Resignation, für Verlust an Lebenssinn? Heute, in der Zeit des Wertewandels, liegt der Lebenssinn nicht im Gewinn. Aber wo kein Gewinn mehr übrig bleibt, wird deutlich, daß vorher schon der Lebenssinn verlorengegangen ist. Denn ein Unternehmen zu führen, ohne daß das übrigbleibt, was zum Überleben notwendig ist, macht keinen Sinn."

Ein „schlechter" Unternehmer ist auch unter ethischen Gesichtspunkten nicht wertneutral zu beurteilen. Das bedeutet natürlich nicht, daß der unternehmerische Erfolg schon ausreicht, um ethische Werte zu begründen.

Seit einiger Zeit wird viel über Unternehmensethik und die Verantwortung des Unternehmers gesagt und noch mehr geschrieben. Dabei ist meist (nur) von der Verantwortung gegenüber den Mitarbeitern, der Gesellschaft, der Um- und der Nachwelt die Rede. Dies soll nicht geleugnet werden – später werde ich noch darauf zurückkommen – , an erster Stelle steht jedoch die Pflicht des Unternehmers, sein Unternehmen erfolgreich zu führen, und dies ist eine sittliche Verpflichtung!

Damit Arbeit also Sinn hat und als sinnvoll erfahren werden kann, muß das Unternehmen, in dem jemand arbeitet, effektiv sein, erfolgreich geführt werden und – auf Dauer – Gewinn machen.

## 2. Die Verantwortung für die Unternehmensziele

„Unternehmen existieren nicht um ihrer selbst willen, sondern um für ihre Umwelt, die Gesellschaft im weitesten Sinne, eine Leistung zu erbringen. Sie beziehen ihre soziale Legitimation aus ihrer Leistung nach außen. Unternehmen sind zwar soziale, in erster Linie aber produktive Systeme. Sie können keine ‚Glücks-' oder ‚Zufriedenheitsvehikel' sein, sondern sind letztlich nach ihrer Effektivität zu beurteilen" (Fredmund Malik, Turbulenzen – die Komplexität des Wandels als Herausforderung annehmen, in: Langsamkeit entdecken, Turbulenzen meistern, Wiesbaden 1992).

112

Unternehmen erbringen ihre Leistung für die Gesellschaft in Form von Produkten: Waren oder Dienstleistungen. Ob ein Produkt sinnvoll ist, wird in unserer Marktwirtschaft nicht von einer – staatlichen oder sonstigen – „Sinnerforschungsinstanz" dekretiert, sondern aus den Kundenwünschen erhoben und über den Markt vermittelt. Der Staat versucht nur die Herstellung und den Vertrieb „sinnwidriger", weil schädlicher Produkte zu verhindern, z. B. Drogen oder Waffen in Spannungsgebiete.

Ist es aber sinnvoll, immer mehr Wegwerfprodukte auf den Markt zu bringen, allein deshalb, weil sich dafür Käufer finden oder durch aufwendige Werbekampagnen „erschlossen" werden? Immer mehr Konsumenten stellen sich diese Frage, wählen bewußter aus, fragen, was wird aus den Gütern, wenn sie nicht mehr zu gebrauchen sind, ist für ihre umweltschonende Beseitigung vorgesorgt? Selbst längst totgeglaubte Werthaltungen wie „Konsumaskese" erleben eine Renaissance. Der Markt wird sich darauf einstellen müssen.

Auch immer mehr, vor allem jungen qualifizierten Menschen, ist es nicht gleichgültig, wofür sie ihre Arbeitskraft einsetzen, was sie herstellen, in wessen Diensten sie stehen. Sie suchen Arbeitsplätze, an denen sie sich voll mit den Unternehmenszielen identifizieren können. Nur mit einem hohen Gehalt und der Aussicht auf Karriere lassen sie sich weder anwerben noch zu Höchstleistungen motivieren. Sie wollen wissen, wofür sie sich anstrengen sollen. Nur dann sehen sie in ihrer Arbeit einen Sinn.

Der Unternehmer ist für die Ziele seines Unternehmens verantwortlich. Er bestimmt, wofür es das Unternehmen überhaupt geben soll. Bei der Frage, welchen Sinn es hat, eine bestimmte Ware zu produzieren, eine bestimmte Dienstleistung anzubieten, muß er sich an den Chancen orientieren, die der Markt bietet. Dabei spielen die Wertvorstellungen der Abnehmer eine Rolle, die einem ständigen Wandel unterworfen sind. Er muß sich auch überlegen, wofür er welche Mitarbeiter gewinnen und begeistern will. Letztlich muß er selbst sich aber im Klaren darüber werden, was er für wichtig, wertvoll, langfristig tragbar hält.

Der Unternehmer ist dafür verantwortlich, daß die Unternehmensziele den Mitarbeitern, den Kunden und der

Umwelt verständlich vermittelt werden. Nur Ziele, die man kennt, entfalten einen Sog, der Kräfte freisetzt.

## 3. Die Verantwortung für effektive Arbeitsorganisation

Wer bei seiner Arbeit das Gefühl hat, es komme doch nichts dabei heraus, auch wenn er sich noch so sehr abstrampele, erlebt sie als sinnlos und ist deshalb frustriert. Daß nichts dabei herauskommt, liegt meistens daran, daß die Arbeit schlecht organisiert und nicht paßgenau in den Gesamtablauf integriert ist. So entstehen Doppelarbeit, Sackgassen, Leerlauf, Störungen, Behinderungen. Bisweilen zerstört der eine, was der andere mühsam aufgebaut hat.

Der Unternehmer ist dafür verantwortlich, daß die Arbeit in seinem Unternehmen gut organisiert ist. Gut, das heißt: effektiv, effizient, rationell, „schlank" – „lean management" ist eigentlich ein weißer Schimmel, weil jedes Management ständig darauf bedacht sein muß, mit dem geringsten Aufwand ein Optimum an Wirkung zu erzielen. Arbeitsabläufe rationeller zu gestalten, Werkzeuge zur Verfügung zu stellen, die die körperliche wie geistige Schaffenskraft potenzieren, Strukturen zu erfinden, die die Produktivität erhöhen. Dies alles ist nicht nur nötig, um die Rentabilität zu erhöhen, es ist auch eine Forderung der Menschlichkeit: Mitarbeitern keine Tätigkeiten zuzumuten, die anders besser, leichter verrichtet werden könnten und schneller zum Ziel führen würden.

## 4. Die Verantwortung für die Arbeitsbedingungen

Die Unternehmensziele mögen noch so hehr sein und allen Mitarbeitern klar vor Augen stehen, die Organisation noch so vernünftig und effektiv, wenn es in der Werkshalle stinkt und dröhnt, am Schreibtisch zieht oder der Stuhl an der

114

Ladenkasse Rückenschmerzen verursacht, wird die Arbeit zur Last. Belästigungen, die sich mit angemessenem Aufwand an Phantasie, Technik und Gerät beseitigen ließen, mindern den Arbeitssinn. Der Unternehmer ist natürlich vor allem dafür verantwortlich, daß alle erdenklichen Vorkehrungen zur Vermeidung und Abwehr von Gefahren getroffen werden.

Nicht zuletzt hat das Betriebsklima einen erheblichen Einfluß auf die Arbeitszufriedenheit und damit auch auf die Effektivität. Die Atmosphäre der Zusammenarbeit wird hauptsächlich durch das Verhalten der Führungskräfte geprägt. Dies wiederum hängt von der Auswahl ab, die der Unternehmer trifft, von seinen Führungsgrundsätzen und seinem eigenen Führungsverhalten. Darauf werde ich später noch eingehen.


## 5. Die Verantwortung für die Anerkennung der Leistung

Im Rahmen einer Untersuchung des Emnid-Instituts, die die Industrie- und Handelskammern des Rhein-Main-Gebiets mitgetragen haben, wurden auch Studenten befragt, welche Aspekte bei der Wahl des Arbeitsortes wichtig sind. An erster Stelle rangiert die Art der beruflichen Tätigkeit, erst an dritter die Höhe des Gehalts. Das läßt darauf schließen, daß der „innere" Lohn: die erfüllende Aufgabe, die Möglichkeit, etwas Sinnvolles zu leisten, die Freude am Gelingen als wichtiger angesehen werden als das finanzielle Entgelt. Gewiß, auch dieses muß „stimmen", vor allem muß es als gerecht empfunden werden. Und die Empfehlung, Vorgesetzte sollten durch Lob und Anerkennung eine Gehaltserhöhung kompensieren, ist zynisch. Aber alle ausgeklügelten Anreizsysteme, Incentives oder Leistungszuschläge können wirkliche Motivation nicht ersetzen. Diese muß nämlich von innen kommen. Es kommt darauf an, Kreativität, Leistungswillen, Eigenaktivität nicht zu ersticken. Eindrucksvoll hat dies Sprenger in seinem Buch „Mythos Motivation" dargestellt (Frankfurt am Main 1991).

Zur Freude am Ergebnis der eigenen Leistung und der Anerkennung im Unternehmen muß das Echo aus der Umwelt, der Familie, dem Bekanntenkreis, der Öffentlichkeit kommen: „Was du tust, ist etwas wert, wir wissen das zu schätzen!" Wer sich schämt, in einem Unternehmen beschäftigt zu sein, wird nicht nur weniger leisten, als er könnte, er wird auf die Dauer auch Probleme mit seinem Selbstwertgefühl bekommen.

Der Unternehmer ist auch verantwortlich für das Ansehen des Unternehmens in der Öffentlichkeit. Ein positives Image ist die Voraussetzung für die Identifikation der Mitarbeiter mit den Unternehmenszielen und damit für sinnvolles Arbeiten.

## 6. Die Verantwortung für die Personalführung

Die Verantwortung des Unternehmers in der Arbeitswelt wird gebündelt in seiner Verantwortung für die Personalführung. „Mitarbeiterführung bedeutet letztlich, mit Hilfe anderer ein bestimmtes Ziel erreichen, vorangehen, Orientierung geben. Dabei darf nicht übersehen werden, daß es unsere Aufgabe ist, mit dem sogenannten durchschnittlichen Mitarbeiter Überdurchschnittliches zu erreichen" (Artur Wollert, Leader in turbulenten Zeiten – wissen sie mehr?, in: Langsamkeit entdecken, Turbulenzen meistern). Die Legitimation einer Führungskraft beruht auf ihrer Persönlichkeit und deren Glaubwürdigkeit. Glaubwürdig ist nur, wer Professionalität mit Offenheit und Verläßlichkeit verbindet.

Was befähigt gewöhnliche Menschen, Ungewöhnliches zu leisten? Wie das Unternehmen als ganzes sollte auch die Personalführung outputorientiert sein: was zählt, ist das Resultat. Natürlich ist Input in Form von Arbeit, Anstrengung und Mühe erforderlich. Aber die effektive Führungskraft fragt weniger nach der Motivation als nach dem tatsächlichen Verhalten; nicht nach den Anstrengungen, sondern nach den Ergebnissen; nicht nach Gründen, sondern nach Resultaten. Ein solcher Führungsstil ist Teil einer

116

robusten und realistischen Unternehmenskultur. Diese ist im Grunde auch humaner als manches modische Konzept, das nur auf Selbstentfaltung und Freisetzung von Potentialen durch Selbstverwirklichung setzt. Die Führungskräfte müssen nicht in erster Linie Psychologen sein, die das Seelenleben ihrer Mitarbeiter erforschen, um sie mit diesem Wissen zu Höchstleistungen anzuspornen. Sie sollten aber sehr auf das gegenseitige Vertrauen achten und sich an den Stärken der Mitarbeiter orientieren. Einer auch noch so mißlichen Lage sollten sie die positiven Seiten abgewinnen: sie müssen auch Krisen als Chancen erkennen und nutzen, wie Malik hervorhebt.

Das heißt nicht, daß Fachkompetenz mit einem Schuß Optimismus genügen. Ohne Sozialkompetenz kommen Führungskräfte nicht aus. Sie ist gleichbedeutend mit der Fähigkeit zu umfassender Kommunikation.

# 7. Die Verantwortung für die Kommunikation

Die meisten Manager seien Kommunikationsmuffel, behauptet Heinz Goldmann, der Präsident der International Foundation for Executive Communications (Dialog statt Monolog, Wirtschaftswoche 11. 9. 1992). „Sie sind allzu fixiert darauf, Mitarbeiter ebenso wie den Markt und die Öffentlichkeit mit Informationen zu bombardieren. Sie verwechseln aufwendige Information mit guter Kommunikation. Dabei vergessen sie, daß Information Monolog und Kommunikation Dialog ist und der beste Monolog nicht weiterhilft, wenn keiner zuhören will." Dies wird auch nicht besser, wenn man den Zustand verschleiert und von „kommunizieren" redet, aber „informieren" meint. Die Sprache verrät einen: „Jemandem etwas kommunizieren", wie es in der Branche, die den Kommunikationsbegriff usurpiert hat, häufig heißt, meint doch, einem anderen etwas bei- oder – neudeutsch – rüberbringen, also gerade nicht: ihm zuhören, offen, ohne Hintergedanken!

Gut zuhören ist auch nicht dasselbe wie Marktforschung oder Mitarbeiterbefragung. Damit kann man nämlich andere beauftragen. Der Unternehmer kann aber nicht andere für sich zuhören „lassen".

Das muß er schon selbst tun. Und von ihm können es die Führungskräfte seines Unternehmens lernen und weiter vermitteln. Wenn Mitarbeiter von ihrem Vorgesetzten und diese von der Unternehmensführung immer nur etwas „zu hören bekommen", und sei es Lob und Anerkennung, meistens aber Anordnungen, Parolen, Kritik, wenn sie nicht zuallererst ein offenes Ohr finden, kann sich kein Vertrauen entwickeln. Dann entsteht allenfalls Hörigkeit.

Wenn Unternehmen sich nur an die Öffentlichkeit wenden, um eine „Verlautbarung" von sich zu geben, sich gerade noch eine „Stellungnahme" abringen, wenn sie nicht aktiv das Gespräch, den Austausch mit den Medien, mit Meinungsgruppen suchen, brauchen sie sich nicht zu wundern, wenn ihnen in kritischen Situation als erstes Mißtrauen, Unterstellungen und Ablehnung entgegenschlagen. Aufwendige Imagekampagnen sind kein Ersatz für aktive Kommunikation, die ein glaubhaftes Bild der Realität vermittelt.

## 8. Die Verantwortung des Unternehmers für sich selbst

„Der Soldat hat ein Recht auf kompetente Führung", war schon eine Maxime Julius Caesars. Malik fordert, diesen Grundsatz auf die Unternehmen anzuwenden und zu einem einklagbaren Menschenrecht zu machen. Auf den Unternehmer bezogen heißt das: Er ist zuallererst dafür verantwortlich, ein guter Unternehmer zu sein, umfassende Kompetenz für Unternehmensführung zu erwerben, weiterzuentwickeln, zu vervollkommnen. Dafür ist *er* allein verantwortlich und ist er *alleinverantwortlich*. Alles andere kann er nur – mehr oder weniger direkt – beeinflussen, mitgestalten, steuern, justieren. Selbst bei der Festlegung der Unternehmensziele und der Auswahl der Mitarbeiter ist er – die Gründungsphase einmal ausgenommen – nicht völlig souverän. Wenn das Unternehmen einmal Gestalt angenommen, einen festen Mitarbeiter- und Kundenstamm hat, muß er deren Ziele, Vorstellungen, Wünsche, Werte mit einbeziehen, muß ihnen – jenseits aller gesetzlichen oder tariflichen Auflagen – Mitsprache einräumen, wenn er seine Ziele erfolgreich ansteuern will.

Was er aber aus sich selbst macht, das liegt allein an ihm. Je mehr er für sich selbst die Frage nach dem Sinn seiner Arbeit beantwortet hat, umso eher kann er anderen sinnvolle Arbeit ermöglichen. Je intensiver er sich bemüht, die Frage nach dem Sinn seines Lebens zu beantworten, umso leichter gelingt es ihm, Vertrauen zu gewinnen und Kommunikationsbarrieren abzubauen. Dazu gehört auch, sich selbst in Frage zu stellen und korrigieren zu lassen. Starre, sture Unternehmer schaffen verkrustete Unternehmensstrukturen. „Der Kern allen erfolgreichen Führungsverhaltens ist der rechte, bescheiden-gelassene Umgang mit sich selbst" (Alfred Herrhausen). Dies lernt man weder in einem betriebswirtschaftlichen Hochschulstudium noch in einem Crash-Kurs für Topleute bei einem Mode-Guru, auch nicht auf einem Management-Symposium über Unternehmensethik. Vielleicht könnten wir von Führungskräften aus dem Osten lernen, die sich für einige Zeit in ein Kloster zurückziehen, um sich erneut auf den „Weg" zu machen.

*„Es sind die vollen Ähren, die sich neigen, nur die leeren tragen den Kopf hoch"* (japanisches Sprichwort).

PETER KOSLOWSKI

# Überarbeitete und Beschäftigungslose. Sinnverlust der Arbeit durch Übergeschäftigkeit und Unterbeschäftigung

In Zeiten von Arbeitslosigkeit über Überarbeitung nachzudenken, scheint paradox zu sein und unangemessen. Dringlicheres scheint geboten, als über Phänomene der Überbeschäftigung zu schreiben, wo doch viele unter Unterbeschäftigung leiden. Doch ist der Einschluß der Gefahren von Überbeschäftigung in die Behandlung des Problems des Sinns der Arbeit aus zwei Gründen unabweisbar. Zum einen ist die Überbeschäftigung von einigen manchmal ein Grund für die Unterbeschäftigung von anderen, so z.B. beim Problem der Überstunden. Zum anderen stellt uns die Frage „Arbeit ohne Sinn? - Sinn ohne Arbeit?" unvermeidlich vor das Problem, ob der Sinn unseres Tätigseins nicht von zwei Seiten, von der Übergeschäftigkeit und von der Unterbeschäftigung, bedroht wird. Überarbeitung führt zu Sinnverlust, weil sich das Individuum als eines erfährt, das sich an die Arbeit, die Sache und den objektiven Zweck verliert, weil es seinen subjektiven Sinn nicht mehr in den objektiven Sinn der Arbeit einbetten kann und sein Leben nicht mehr als ein im ganzen sinnvolles, sondern als ein an den objektiven Zweck der Arbeit verlorenes erlebt. Es kann unter Bedingungen von Überarbeitung seine subjektiven Zwecke nicht mehr in den objektiven Zweckzusammenhang einfügen und es vermag seine Personalität, seinen Personcharakter nicht mehr in der Vereinigung von rationaler Weltbewältigung durch Arbeit, von innerer Selbstgestaltung oder innerem Selbsterleben und von intersubjektivem dialogischem Sein mit anderen zu verwirklichen.

Damit sind zwei Bedingungen für die Sinnhaftigkeit von Arbeit oder, bei ihrer Abwesenheit, für die Sinnlosigkeit von Arbeit gegeben. Die Arbeit muß den subjektiven Sinn, die personalen Zwecke und Absichten, mit dem objektiven Sinn, der Leistungserstellung in der äußeren Welt, verbin-

120

den, und die Arbeit muß in eine Konstitution des Selbst eingebettet sein, in der sie ein Element neben zwei anderen ist, aber diese nicht einseitig dominiert oder verdrängt. Der Sinn der Arbeit betrifft also zum einen das Problem von Subjektivität und Objektivität, die Subjekt-Objekt-Dialektik im weiten Sinn, und er betrifft zum anderen die Frage, wie sich die Konstitution des Selbst durch Arbeit in die Konstitution des Selbst durch die innere Selbstgestaltung und durch die Intersubjektivität des Umgangs mit anderen einfügt.

Bei der Frage nach dem Sinn der Arbeit und der Möglichkeit von Sinn ohne Arbeit stehen weitreichende Fragen nach uns selbst, nach unserem Selbst zur Diskussion. Übergeschäftigkeit und Unterbeschäftigung gefährden die Herausbildung des Selbst und die Anbindung des subjektiven an den objektiven Zweckzusammenhang. Sie gefährden das Selbst von verschiedenen Seiten, durch Überwältigung und durch Unterforderung. Überarbeitung führt zu einer Pathologie des Selbst, weil es sich an das Objekt seiner Tätigkeit, an die Objektivität verliert, Unterbeschäftigung führt zu einer Pathologie des Selbst, weil ihm das Anschließen an den objektiven Sinnzusammenhang nicht mehr gelingt, es von der gesellschaftlichen Wertschöpfung und von der Intersubjektivität oder „Geselligkeit", die über die gemeinschaftliche Arbeit vermittelt ist, ausgeschlossen ist.

Konstitutionsbedingungen und Pathologien des Selbst - damit sind die Auswirkungen der Arbeit und ihrer Defizienzformen auf die Herausbildung der menschlichen Person beschrieben. Arbeit ist sinnvoll, wenn in ihr das Individuum seine subjektiven Absichten verbinden kann mit einer objektiv nützlichen Tätigkeit und wenn sich seine Arbeit einfügt in die anderen Konstitutionsbedingungen des Selbst, ohne sie zu verdrängen. Arbeit wird sinnlos, wo entweder vom Individuum keine subjektiven Absichten und Ausgestaltungen mehr mit ihr verbunden werden können oder die Integration der Arbeit in die innere Selbstgestaltung und in die „Geselligkeit" des Menschen nicht gelingt. Es ist unmittelbar einsichtig, daß ein solcher Sinnverlust nicht nur eintreten kann, wenn das Individuum zu wenig oder keine Arbeit hat. Dieser Sinnverlust tritt vielmehr auch auf, wenn der einzelne oder die Familie mit zuviel Arbeit überschüttet ist, überarbeitet ist.

121

Die These dieses Beitrags ist es, daß die westlichen Gesellschaften nicht nur von der Pathologie der Unterbeschäftigung, sondern ebenso von derjenigen der Überbeschäftigung und Übergeschäftigkeit bedroht sind, daß hinter der Übergeschäftigkeit schwerwiegende Fehldeutungen des Selbst und der Stellung des Menschen in der Welt stehen, die für die Moderne charakteristisch sind, und daß diese Fehldeutungen durch eine postmoderne Theorie des Selbst und der Arbeit korrigiert werden müssen. Diese These wird in drei Schritten entwickelt. Zunächst wird eine kurze Analyse des „Überarbeitungsphänomens" der Moderne gegeben, dann die Grundzüge einer postmodernen Theorie des Selbst dargelegt und schließlich ein Vorschlag für die politische Gegensteuerung gemacht.

## I. Der überarbeitete Arbeiter der Moderne

Daß Arbeit das Signum des Menschen, daß sie Lust und Last ist und daß es menschliches Leben ohne Arbeit nicht gibt, ist Menschheitsgut. Der Satz von *Genesis* 1, „im Schweiße deines Angesichts sollst du dein Brot essen", gibt dem Ausdruck. Für diese vormoderne Deutung der Arbeit ist es offensichtlich, daß Arbeit dialektisch ist, daß sie notwendig, aber mühsam und nur zuweilen lustvoll ist.

In der Neuzeit und vor allem in der Moderne als der neuesten Neuzeit kommt es zu einer charakteristischen Umdeutung. Arbeit wird zur wesentlichen Selbstrealisierung des Menschen. Thomas Carlyle ändert das benediktinische „ora et labora" in „laborare est orare", für Hegel arbeitet sich Gott selbst als absoluter Geist an der Welt als dem anderen seiner selbst im geschichtlichen Prozeß seiner Subjektwerdung ab. Das Paradies der Arbeitslosigkeit ist nach Hegel ein Ort, wo der Mensch nicht bleiben kann. Der Mensch muß vielmehr – aus dem Paradies vertrieben – seine Subjektivität im dialektischen Sich-Abgleichen am Objekt verwirklichen und sichert damit zugleich die Verwirklichung Gottes. Die Weltgeschichte wird zu einem einzigen Arbeitsprozeß der Herausarbeitung

122

der menschlichen und der absoluten Subjektivität. Dieser Prozeß ist ein Prozeß absoluter Selbstermächtigung und großen Schmerzes des Menschen zugleich.

Heidegger hat auf diesen Zusammenhang zwischen Arbeit und Schmerz bei Hegel und der modernen Metaphysik hingewiesen, Ernst Jünger hat mit seinem Buch von 1932 *Der Arbeiter* das Stichwort gegeben.[1] Beide sehen die Moderne und ihre Überhöhung des Arbeitsbegriffs als Ausdruck des Nihilismus an, daß in der Welt nichts ist, was von sich aus wertgebend ist. Allein der Mensch ist wertgebend und das, was wertvoll ist, kommt nur durch die „Arbeit des Begriffs" oder des Menschen in sie hinein. Die totale Arbeit ist somit sowohl der Ausdruck wie das Mittel der Überwindung des Nihilismus. Jünger sah „den Arbeiter" als den Träger der „Totalen Mobilmachung" der Welt: in einem planetarischen Arbeitsprozeß wird das Angesicht der Erde verwandelt, verwandelt durch die menschliche Arbeit. Die Moderne ist das Zeitalter des titanischen Arbeiters. Es ist erhellend, sich des Pathos' der „totalen Mobilmachung" der 20er und 30er Jahre im Nationalsozialismus und Bolschewismus zu erinnern, um zu verstehen, wie sehr auch noch die weltwirtschaftliche Mobilmachung der Gegenwart und des Liberalismus in diesem Arbeitscharakter der Moderne steht, auch wenn er im Liberalismus nicht den Schrecken und den Terror der „totalen Mobilmachung" annimmt.

Heidegger und Jünger sprachen von dem totalen Arbeitscharakter der Epoche der 20er und 30er Jahre, und sie erkannten, daß dieser in einem Zusammenhang mit dem Nihilismus und dem absoluten Subjektdenken der Moderne seit Hegel stand und steht. Dem Totalitarismus eignet neben anderen Zügen auch die Übersteigerung des Arbeitscharakters der Moderne, die Übersteigerung des Gedankens der totalen Transformation der Welt durch Arbeit in den Gedanken des planetarischen Arbeitsstaates oder der planetarischen klassenlosen Weltgesellschaft. In beiden Formen des absoluten Arbeitsstaates, im Nationalsozialismus und im Kommunismus, werden die Geschichte und die Natur sowie ihr Gegensatz durch Arbeit aufgehoben.

In einem totalen Transformationsprozeß sollten die Bedingungen endlicher Existenz, die Knappheit der Res-

123

sourcen und die Kontingenz der Geschichte, durch Arbeit in wirtschaftlichem Überfluß und in rationale Beherrschung und Organisation der geschichtlichen Entwicklung überführt werden. Der Nationalsozialismus und der Kommunismus waren Übersteigerungen des Arbeitscharakters der Moderne zum totalitären Arbeitslager und insofern „Kulturpathologien" (Eduard Spranger). Sie zeigen jedoch tiefliegende Gefahren der Moderne und ihres Arbeitsverständnisses auf. Heidegger verwies 1955 nicht ohne Grund auf Hegel und seine Verherrlichung der Arbeit des Begriffs. Hegel steht am Anfang der Moderne, und auf ihn führen alle ihre Irrtümer zurück. Erst Hegel und in gewisser Weise nur Hegel hat den Gedanken, daß sich das Subjekt allein durch Arbeit konstitutiert und nur durch Arbeit am *anderen* seiner selbst zu sich kommt, sogar auf Gott übertragen und damit dem Arbeitscharakter der Welt religiöse Weihen gegeben. Gott selbst ist für ihn der große Arbeiter des Weltgeistes, der sich an der Weltgeschichte zur Subjektivität und zum Selbstbewußtsein emporarbeitet.

Hegel deutet die zentralen Aussagen der theistischen, jüdisch-christlichen Welt- und Arbeitsdeutung in für die Moderne charakteristischer Weise um. Diese Änderungen der christlichen Weltdeutung scheinen nur minimal zu sein, sie haben jedoch weitreichende Folgen für die Deutung des menschlichen Selbst und des Sinns der menschlichen Arbeit. Nach Hegel ist das Paradies ein Ort, wo nicht der Mensch, sondern nur das Tier bleiben kann: Die Vertreibung in die Arbeit ist also nicht Folge eines Falles und der Erbsünde, sondern notwendig für die Selbstbewußtwerdung des Menschen. Nach Hegel ist der Mensch nicht wie bei Thomas von Aquin zur Mitwirkung an der Schöpfung berufen. Er wirkt nicht am Schöpfungsprozeß durch seine Arbeit helfend mit, sondern in seiner Arbeit realisiert sich *Gott selbst* in der Welt. Schließlich sind für Hegel Gott und Mensch, göttliches und menschliches Schöpfertum nicht geschieden und die Schöpfung dem Menschen durch den Satz „Und Gott sah, daß es gut war" vorgegeben, sondern der göttliche Mensch als Gefäß des Absoluten ist der Schöpfer der Welt *und* des Absoluten. In der Moderne wird der Mensch vom Mitwirker des Schöpfers durch Arbeit, wie ihn das Christentum sieht, zum Realisator Gottes selbst. Durch seine

Arbeit des Begriffs und am Objekt verwirklicht der Mensch erst den werdenden Gott.

Die Arbeit ist das alleinige Medium, durch das Gott und Mensch zum Selbstbewußtsein kommen. Mensch und Gott werden damit „veräußerlicht". Ihr Selbst hat keine Innendimension oder Innerlichkeit mehr, sondern wird nur durch die Subjekt-Objekt-Dialektik der „Weltbearbeitung". Es ist daher auch notwendig, daß der Hegelianismus eine innerliche Sphäre in der Persönlichkeit Gottes und damit die Trinität leugnet.[2] Das göttliche Selbst Hegels hat keine Innendimension als Vater, Sohn, Heiliger Geist und keine innere Selbsterzeugung Gottes durch Geburt des Sohnes und Hauchung des Heiligen Geistes, sondern Gott wird in der Subjekt-Objekt-Dialektik Geist durch seine Entäußerung in die Welt und die Arbeit des Menschen.

Mit dieser „Veräußerlichung" des göttlichen und menschlichen Selbst ist nun auch eine Entwertung der Geburt verbunden. Das Geborenwerden und Gebären spielt für den Arbeiter des Weltgeistes keine Rolle. Friedrich Oetinger hatte bereits vor Hegel darauf hingewiesen, daß „unsere idealistischen [und materialistischen] Weltweisen das Wort 'Geburten' gar nicht gern hören wollen". Die äußere Geburt des Menschen und die innere Selbst- oder Wiedergeburt des inneren Menschen haben im totalen Arbeitscharakter keinen „Wert", weil sie nicht rationale Arbeit oder deren Resultat sind.

Diese „Entwertung" der Geburt hat für das Rollenverständnis der Frau erhebliche Nebenwirkungen und damit auch für deren Wunsch, die „Entwertung" der Geburt durch Teilnahme am Wertschöpfungsprozeß durch Arbeit zu kompensieren. Selbstverständlich ist die vermehrte Teilnahme der Frauen an der Erwerbsarbeit nicht zu kritisieren. Sie ist zu begrüßen, wenn sie den Wünschen der Betroffenen entspricht. Zudem kommt sie dem Bedürfnis der modernen Gesellschaft entgegen, einen bisher unbekannten Arbeitsanfall zu bewältigen, der ohne die Berufsarbeit der Frauen – insbesondere deren qualifizierte Berufsarbeit – gar nicht „abgearbeitet" werden könnte. Problematisch ist diese Abwertung der Geburt jedoch dann, wenn sie die Geburt so gering achtet, daß auch jene Frauen in ein Rollenverständnis des „Arbeitszwangs" gedrängt werden, die das nicht selbst wollen, und wenn dadurch der allgemeine Arbeitscharakter der Epoche weiter verstärkt wird.

Schließlich führte Hegels modernistische Umdeutung des Christentums und seiner Trinitätslehre auch zu einem Verlust der Dimension der Intersubjektivität des Selbst. Gott ist nach Hegels Transformation der christlichen Trinitätslehre nicht in sich in der Interpersonalität der drei Personen vollendetes Selbst, sondern er wird durch die Arbeit der Entäußerung an das Objekt und der Rückkehr aus ihm absolute Subjektivität. Hegels Theorie des Selbstbewußtseins des Menschen und Gottes ist durch die Überbetonung der Arbeit am Objekt, den Verlust der inneren Selbstgeburt und den Ausfall der interpersonalen Konstituierung des Selbst gekennzeichnet. Alle diese drei Elemente sind für die Theorie des Selbst in der Moderne charakteristisch. Sie führen zu einer Überfrachtung der Arbeit als Bedingung des menschlichen Selbst, zu einer Abwertung der äußeren Geburt und der inneren Wiedergeburt sowie zu einem Verkennen der Interpersonalität des Selbst. Der Mensch ist fast gezwungen, sich zu überarbeiten, wenn er sein Selbst nur durch Arbeit zu realisieren versucht.

Das moderne Selbst überarbeitet sich durch Überfrachtung der Arbeit, die für den Arbeiter der Moderne zum einzigen Konstitutionsprinzip seiner Subjektivität, ja zum einzigen Entstehungsprinzip von Sinn überhaupt wird. Sinn wird für die Moderne nur noch durch Arbeit erzeugt, was bedeutet, daß es keinen Sinn und Wert gibt, der nicht von der Arbeit seinen Sinn hat. Eine solche Überfrachtung der Arbeit trägt die „Über-arbeitung" der Arbeit, ihre Überforderung in sich. Die nihilistischen Grundlagen dieser Weltdeutung, die den Nicht-Sinn und Nicht-Wert allein durch Arbeit sinn- und wertvoll machen will, schlagen auf die überforderte Arbeit selbst zurück. Diese kann die Sinnerwartungen nicht mehr tragen und wird sinnlos. Der arbeitende Mensch als Erlöser der Welt, Erlöser seiner selbst und Erlöser Gottes wird seines Werkes unsicher. „Da befiel sie Angst vor den Werken und vor allem, was Menschenhände herstellen", schreibt Clemens von Alexandrien im 3. Jahrhundert über den gnostischen Demiurgen und seine Helfer.[3] Den Menschen als Erlöser der Welt durch Arbeit befällt die Angst des Demiurgen vor seinen eigenen Werken und seiner Hände Arbeit.

126

Marx ist Hegel in der Überschätzung der Arbeit gefolgt, aber auch Arnold Gehlen.[4] Beide setzen Arbeiten und Handeln, Arbeit und Selbstwerdung des Menschen gleich. Für Marx wie für Hegel gilt, daß der Mensch der Erlöser seiner selbst durch Arbeit ist – allerdings schafft für Marx der Mensch nicht mehr „Erlösung dem Erlöser", ist der Mensch nicht mehr der Erlöser Gottes selbst durch Arbeit.

In der deutschen hegelianischen Moderne ist also eine Überbewertung der Arbeit in der Konstitution des menschlichen Selbst und damit des Sinnes der menschlichen Existenz erkennbar. Es steht mir nicht zu, das historische Recht dieser bestimmten, die deutsche Philosophie ja nicht ausschließlich beherrschenden Figuration des deutschen Geistes seit Hegel zu verurteilen – das kann nicht die Aufgabe einer post-modernen Philosophie sein.[5] Vielleicht entsprach diese „Philosophie der Anstrengung" und angestrengte Philosophie der besonderen Lage Deutschlands, seiner schwierigen Mittellage in der Mitte des Kontinents sowie seiner erschwerten Nationwerdung.[6]

## II. Elemente einer postmodernen Theorie des Selbst und der Arbeit

Vom Standpunkt der systematischen Philosophie, von der Theorie des Selbst und der Philosophie der Geschichte her, ist heute jedoch die Philosophie der Mobilmachung der Welt durch Arbeit falsch. Das Selbst konstituiert sich nicht *nur*, sondern *auch* durch Arbeit. Die innere Selbstgestaltung des Ichs und die Interpersonalität tragen zur Bildung des Selbst ebensoviel bei wie die Arbeit am Objekt. Der Wert der Person bestimmt sich nicht nur nach seiner Arbeitsleistung und -entlohnung. Es gibt vielmehr ein Personzentrum im Menschen, das von der Sphäre der Objekte und ihrer Bearbeitung unabhängig ist und für das das Selbst ebenso Sorge tragen muß wie für seinen äußeren Erfolg. Das Selbst wird sich nicht nur am äußeren Objekt gegenständlich, sondern es erkennt in sich ein inneres Gegenüber. Im Selbstbewußtsein bin ich mir nicht nur als die aus meinen Objekten und Werken zurückkehrende Subjektivität, sondern als meiner selbst in der Innerlichkeit meiner Seele bewußt. Und mein mir aus den Beziehungen mit den mir nahen Menschen, meiner Familie und meinen Freunden, zurückkehrendes Ich ist ebenfalls nicht über die Arbeit am Objekt vermittelt.

Sinn ohne Arbeit? Es gibt Sinn ohne und außerhalb der Arbeit, und es ist die Herausforderung der postmodernen Gesellschaft, diesen Sinn jenseits der Mobilmachung der Moderne in der Innerlichkeit der Seele und der Interpersonalität der persönlichen Beziehungen wiederzuentdecken.[7]

Die Arbeit ist nicht die einzige Tätigkeit des Menschen, die Sinn schafft. Aristoteles unterschied drei Tätigkeiten des Menschen, die *poiesis* oder Produktion – das Machen –, die *praxis* – das kommunikative Handeln mit anderen – und das *energein* – das um seiner selbst willen in der Theorie und im Erkennen Tätigsein. Plotin schreibt, daß nur die Knaben, deren Geist zu schwach ist zum Erkennen, sich dem Handeln und der Politik zuwenden. Warum nur diejenigen, die geistig zu schwach sind? Plotins Antwort ist: Sie sind nicht in der Lage, die Ideen der Dinge im Gedanken festzuhalten, daher sind sie unbefriedigt von der Theorie und wenden sich der Praxis zu. Die modernen, von der Arbeit und Praxis besessenen Gesellschaften nehmen hier gerade die entgegengesetzte Wertung vor: Die Praxis wird im Gegensatz zur Theorie als Stärke gewertet.

Die Einengung der Konstitutionsbedingungen des Selbst auf die Arbeit an der objektiven Welt hat zu einer Überarbeitung geführt, bei der einige immer mehr arbeiten, damit andere immer weniger arbeiten, und bei der andere wieder überhaupt nicht arbeiten können. Der Sinn des Selbst ist dadurch nicht gesichert worden. Wir drohen, wie Annette Kleinfeld-Wernicke schreibt, in eine Situation zu geraten, in der gilt: „Jeder muß heute sein eigener Sklave sein und sich durch seine eigene Arbeit für die Muße freistellen"[8], mit der er dann, so muß man hinzufügen, immer weniger anfangen kann.

Die Einengung der Konstitution des Selbst auf die Arbeit am Objekt hat schwerwiegende soziale Nebenwirkungen. Der Selbstwert des Menschen wird nur noch über die Arbeit bestimmt und damit auch die Anerkennung und Würdigung der Arbeit nur noch über ihr Resultat. Juliet Schor schreibt in ihrem Buch *The Overworked American* von 1991, das in den USA zum nationalen Bestseller wurde, daß das Bewußtsein des Gegenwartsamerikaners mit folgendem Satz beschrieben werden könne: „If you're not doing something, you are not creating and defining who you are."[9] Unsere Selbstdefinition wird immer aktivistischer, arbeitsbestimmter, dadurch aber auch vorübergehender und flüchtiger.

Dies bedeutet auch, daß unsere Wertschätzung durch andere mehr und mehr von unserem beruflichen Arbeitserfolg abhängt, so daß die innere und die äußere Veräußerlichung der Wertschätzung, die Selbstwertschätzung und die Einschätzung durch andere mehr und mehr nur vom Arbeitsresultat, vom Erfolg, abhängen. Der Erfolg wird, wie bereits Nietzsche an den Hegelianern kritisierte, zum wahren Gott der Moderne – mit dem Ergebnis, daß der Erfolglose diese Arbeitswelt nur noch fliehen kann und die Gegensätze und wechselseitige Entfremdung zwischen Arbeitsplatzbesitzern und Arbeitsplatzlosen sich verschärfen.

Auch die Umverteilung der Arbeit von den Besitzern auf die Nichtbesitzer der Arbeit wird immer schwieriger, wenn die Arbeit und das Arbeitseinkommen in ihrem Wert in der Weise der Moderne überhöht werden. Wenn Arbeit nicht nur Einkommen schafft, sondern zur einzigen Quelle von Prestige und Selbstwertschätzung wird, werden ihre Besitzer weniger bereit sein zum Teilen, als wenn der Wert der Arbeit in vernünftiger Weise relativiert wird.

# Ein Vorschlag für einen Ausgleich zwischen Überarbeiteten und Unterbeschäftigten

Es führt kein Weg an einem Ausgleich zwischen Überbeschäftigten und Unterbeschäftigten vorbei, gerade weil die Arbeit nicht nur Erwerbsarbeit, sondern zugleich Beziehungsarbeit, Selbstverwirklichungsarbeit und Selbstfindungsarbeit ist. Nur sollte dieser Ausgleich nicht über den Sozialstaat, sondern über die internen Arbeitsmärkte der Unternehmen geschehen. Die größeren Unternehmen bilden, wie die neuere ökonomische Theorie gezeigt hat, interne Arbeitsmärkte, die für die Manager der Unternehmen große Vorteile gegenüber dem volkswirtschaftlichen Arbeitsmarkt aufweisen: Sie erlauben es, die Menschen lange Zeit in ihrer Leistungsbereitschaft und -fähigkeit zu beobachten, zu beurteilen und zu fördern.

Es müßten daher Wege gefunden werden, Arbeitskräfte bei konjunkturellen und strukturellen Anpassungen nicht einfach freizusetzen, sondern sie über Durststrecken mit den Mitteln der Sozialversicherung im Unternehmen zu halten, damit sie nicht den Selbstwertverlust der Arbeitslosigkeit erfahren. Die Gelder der Arbeitslosenversicherung sollten nicht nur den Entgang von Einkommen durch eine Arbeitslosigkeit ausgleichen, wenn der Arbeitslose oder Unterbeschäftigte freigesetzt ist und sich *außerhalb* des Unternehmens befindet. Die Mittel der Arbeitslosenversicherung sollten vielmehr in verstärktem Maße auch zur Kompensation von interner Arbeitslosigkeit oder Kurzarbeit im *internen* Arbeitsmarkt des Unternehmens verwendet werden. Der zweite Arbeitsmarkt ist ein erster Schritt in diese Richtung.

Es müssen Wege gefunden werden, die Gewichte weiter von der externalisierten Unterstützung[10] von Arbeitslosen durch das Arbeitslosengeld zugunsten eines internen Ausgleichs zwischen Übergeschäftigen und Unterbeschäftigten innerhalb des Unternehmens durch Zuschüsse der Bundesanstalt für Arbeit an die Unternehmen zu verlagern. Da Arbeitnehmer und Arbeitgeber gemeinsam die Arbeitslosenversicherung tragen, müßte es auch ein ihnen gemeinsames Interesse geben, den Ausgleich von struktureller und konjunktureller Arbeitslosigkeit verstärkt innerhalb des Unternehmens und nicht über die Großbürokratien der Sozialversicherung zu leisten. Wenn die Unternehmen den Ausgleich zwischen Überbeschäftigten und Unterbeschäftigten nur dem Sozialstaat überlassen, verschärfen sie die Sinnprobleme jener, die keine Arbeit haben, und den Arbeitsdruck auf jene, die einen Arbeitsplatz besitzen, da die Arbeitenden mit ihrer Arbeit die aus den Unternehmen freigesetzten Arbeitslosen unterhalten müssen. Beiden wäre mehr damit gedient, wenn es zu einem Ausgleich auf dem unternehmensinternen Arbeitsmarkt käme und dieser sich nicht über die Bürokratien des Staates vollzöge.

130

Was ergibt sich aus diesen Überlegungen, daß das Selbst und sein Lebenssinn nicht durch Arbeit allein, sondern durch drei Prinzipien, durch äußere Arbeit, innere Selbstgestaltung und Interpersonalität mit anderen konstituiert werden, für die beiden Fragen „Arbeit ohne Sinn? – Sinn ohne Arbeit?"? Wenn das Selbst nicht nur durch Arbeit konstituiert wird, erfährt es Sinn auch nicht nur aus der Arbeit. Es gibt also Sinn ohne Arbeit, wenn auch ein Leben ganz ohne Arbeit sinnlos wäre. Es gibt auch, das folgt ebenfalls aus diesen Überlegungen, Arbeit ohne Sinn, Phänomene der Überarbeitung, des Workoholismus usw. Diese Pathologien des Sinns der Arbeit folgen aus Übertreibungen der Schätzung der Arbeit. Auf der anderen Seite stehen die Sinndefizite von Sinnsuchern, die glauben, der Sinn stelle sich auch ohne Arbeit, ohne tätiges und nachhaltiges Sichbemühen um die Sache ein. Will man also eine Antwort auf die beiden im Titel dieses Buches gestellten Fragen geben, ob es Arbeit ohne Sinn und ob es Sinn ohne Arbeit gebe, so muß man sagen: Die Antwort ist: ja.

## Anmerkungen

1 Jünger meint mit „dem Arbeiter" nicht die soziologische Kategorie des Arbeiters, sondern den Arbeiter als Typus des Zeitalters, der alle Arbeitenden, Ingenieure und Unternehmer, Facharbeiter und Wissenschaftler, umfassen kann. Vgl. P. KOSLOWSKI: *Der Mythos der Moderne. Die dichterische Philosophie Ernst Jüngers*, München (W. Fink) 1991.

2 Vgl. P. KOSLOWSKI: „Hegel – der Philosoph der Trinität? Zur Kontroverse um seine Trinitätslehre", *Theologische Quartalschrift*, 162 (1982), S. 105 – 131.

3 Vgl. zum Gnostizismus P. KOSLOWSKI: *Gnosis und Theodizee. Eine Studie über den leidenden Gott des Gnostizismus*, Wien (Passagen) 1993 (Philosophische Theologie. Studien zu spekulativer Philosophie und Religion, Bd. 1).

4 Vgl. A. KLEINFELD-WERNICKE: „Zwischen Workoholismus und Freizeitstreben. Auf der Suche nach einem ‚postmodernen' Arbeitsethos", in: E. ZWIERLEIN (Hrsg.): *Postmoderne Kultur und Wirtschaft. Eine Auseinandersetzung mit Peter Koslowski*, Idstein (Schulz-Kirchner) 1993, S. 97 – 137.

5 Bereits zu Lebzeiten Hegels hat Franz von Baader den Hegelianismus überzeugend kritisiert. Vgl. P. KOSLOWSKI (Hrsg.): *Die*

131

*Philosophie, Theologie und Gnosis Franz von Baaders. Speku-*
*latives Denken zwischen Aufklärung, Restauration und*
*Romantik,* Wien (Passagen) 1993 (Philosophische Theologie.
Studien zu spekulativer Philosophie und Religion, Bd. 3).

6  Vgl. Heideggers Bemerkungen zu Jünger in *Über ,Die Linie'*
   (1955), in: M. HEIDEGGER: *Wegmarken,* Gesamtausgabe, I.
   Abt., Bd. 9, Frankfurt a. M. (Klostermann) 1976, S. 404: „Hier
   wäre die Stelle, auf Ihre Abhandlung ,Über den Schmerz' ein-
   zugehen, und den inneren Zusammenhang zwischen ,Arbeit'
   und ,Schmerz' ans Licht zu heben. Dieser Zusammenhang
   weist in metaphysische Bezüge, die sich Ihnen von der me-
   taphysischen Position Ihres Werkes ,Der Arbeiter' her zeigen.
   Um die Bezüge, die den Zusammenhang von ,Arbeit' und
   ,Schmerz' tragen, deutlicher nachzeichnen zu können, wäre
   nichts geringeres nötig als den Grundzug der Metaphysik
   Hegels, die einigende Einheit der ,Phänomenologie des Geistes' und der ,Wissenschaft der Logik' zu durchdenken. Der
   Grundzug ist die ,absolute Negativität' als die ,unendliche
   Kraft' der Wirklichkeit, d.h. des ,existierenden Begriffs'. In der
   selben (nicht der gleichen) Zugehörigkeit zur Negation der
   Negation offenbaren Arbeit und Schmerz ihre innerste metaphysische Verwandtschaft. [...] Hegels Begriff des ,Begriffs'
   und dessen rechtverstandene ,Anstrengung' sagen auf dem
   gewandelten Boden der absoluten Metaphysik der Subjektivität dasselbe."

7  Vgl. auch P. KOSLOWSKI: *Die postmoderne Kultur,* München
   (C.H. Beck) 1987, 2. Aufl. 1988.

8  A. KLEINFELD-WERNICKE, *a.a.O.,* S. 115.

9  J. B. SCHOR: *The Overworked American. The Unexpected Dec-*
   *line of Leisure* (1991), New York (Basic Books) 1993, S. 23.

10 Vgl. zum Problem der Externalisierung von Funktionen der
   Unterhaltsfürsorge von den Individuen, Familien und Unternehmen auf den Staat auch P. KOSLOWSKI: „Versuch zu einer
   philosophischen Kritik des gegenwärtigen Sozialstaats", in:
   P. KOSLOWSKI, PH. KREUZER, R. LÖW (Hrsg.): *Chancen und*
   *Grenzen des Sozialstaats,* Tübingen (J.C.B. Mohr [P. Siebeck])
   1983, S. 1–23, und P. KOSLOWSKI: *Die Ordnung der Wirt-*
   *schaft. Studien zur Praktischen Philosophie und Politischen*
   *Ökonomie,* Tübingen (J.C.B. Mohr [P. Siebeck]) 1993.

DIETER KRAMER

# Suchbewegungen in der Krise der Arbeitsgesellschaft

## 1. Was kommt nach der Vollbeschäftigung?

Ist das Ende der Fahnenstange erreicht? Wenn man manchen Interpreten glauben will, dann gab es noch vor wenigen Jahren eine fast paradiesische Zeit der Vollbeschäftigung, die jetzt abgelöst wird von einer Phase, in der wir uns in die harte Wirklichkeit einer Welt von Sach- und Weltmarktzwängen fügen müssen. Konkret wird, nachdem vor etwa 10 Jahren das Thema schon einmal abgehandelt wurde, wieder intensiv darüber diskutiert, was geschieht, wenn in einer modernen Gesellschaft die bezahlte Erwerbsarbeit knapper wird.

Eric Hobsbawm hat bei den Römerberggesprächen von 1992 die grundsätzliche Ebene angesprochen, als er sagte: „Genau wie wir entdeckt haben, daß sich mit zwei oder drei Prozent der Bevölkerung mehr landwirtschaftliche Produkte herstellen lassen wie in der alten Zeit mit jenen 80 Prozent, die Bauern waren, so entdeckt man heute, daß Industrie und Büro ohne den Großteil der alten Arbeitskraft auskommen." [1]

In der vorigen Runde dieser Diskussion ging es um Arbeitszeitverkürzung.[2] Heute sind die Suchbewegungen umfassender geworden, aber kontrovers geblieben. Geht es den einen darum, für die „Sachzwänge" der Kapitalverwertung im internationalen Wettbewerb die passenden Rahmenstrukturen zu konstruieren, so suchen andere, die sozialen und zivilisatorischen Standards der vollbeschäftigten „Arbeitsgesellschaft" modifiziert zu sichern (auch weil sie als Element von sozialer Stabilität zur Standortqualität gehören). Und schließlich sehen wieder andere in der Verknappung des gesellschaftlichen Arbeitsvolumens eine Chance zur Abkehr von den genuß- und lustfeindlichen Werten der Arbeitsgesellschaft – etwa hin zu den antiken Tugenden der Muße als einer Form des schöpferischen Nichtstuns. Wir sind, sagen sie, in unsren Vorstellungen geprägt durch die historisch einmalige Situation der 60er Jahre, ja durch das Arbeitsverständnis der Aufbau-, Fortschritts- und Wachstumsgesellschaft überhaupt. Vielleicht müssen wir zu ganz anderen Strukturen finden.

Warnfried Dettling meint in den Diskussionen der Römerberggespräche 1993 [3], es sei eitel, Vollbeschäftigung im traditionellen Sinne anzustreben, während Friedhelm Hengsbach wieder zu einer modifizierten Vollbeschäftigung kommen will. Geht es um Vollbeschäftigung oder geht es darum, vorhandene Arbeit und Einkommen gerecht so verteilen, daß zwar nicht jedem eine Erwerbsarbeit, wohl aber Tätigkeit und auskömmliches Leben ermöglicht wird?

Aber war Vollbeschäftigung in jener Form, die uns die „Arbeitsgesellschaft" mit ihrer Koppelung von Erwerbsarbeit, Wohlstand, Wohlbefinden und sozialer Anerkennung (auch mit ihrer weitgehenden Koppelung von Staats- und Transfereinkommen an die Erwerbsarbeit) nicht ohnehin immer eine historisch-politische Definitionsfrage? Geht die Auseinandersetzung jetzt vielleicht darum, daß man die gängige Definition nicht mehr beibehalten will, weil die Gesellschaft wirtschaftsfreundlicher umgebaut werden soll?

## 2. Verteidigung des Standortes Deutschland oder der Standards der Kultur?

Die realen Suchbewegungen sind Teil der Konflikt- oder Diskurs-Gesellschaft, in der nicht vorwiegend auf Einsicht gebaut werden kann, sondern Kompromisse in hartem Kampf ausgefochten werden müssen.

Die Auseinandersetzungen um die zukünftige Verteilung der Arbeit finden statt in einer Situation der offenen Märkte und der manifesten Globalisierung der Ökonomie. Mit dem Totschlagargument der für die Weltmarktkonkurrenz zu hohen Lohnkosten allerdings läßt sich jede Kritik an einer Transformation der Arbeitsverhältnisse auf

Kosten der Abhängigen abwürgen. Immer wieder neu müssen die alten Auseinandersetzungen um Sozial- und Lohnkosten als den negativen Standortfaktoren wiederholt werden. Zwischen Betrieben, bei denen mit Lohnstückkosten von drei Prozent diese Kosten relativ unerheblich sind, und Mittelständlern, die arbeitsintensive Teile ihrer Produktion in Billiglohnländer verlagern, bewegt sich das Pendel. Die einen malen drohend das Gespenst einer Tschechei an die Wand, die als Niedriglohnland mit abgewerteter Krone Vorteile auf dem neugeöffneten europäischen Markt erlangen will, und die anderen bestehen auf Kreativität, Qualität, Zuverlässigkeit und „human capital" als unvergänglichen positiven Bestandteilen der deutschen Standort-Qualität.

Der Standort Deutschland muß sich im Mix von High Tech und Massenfertigung behaupten. Soll wegen der hohen Flexibilität der transnationalen Unternehmen und der vernachlässigbar billigen Transportkosten sich die ganze Gesellschaft der Strategie der Verbilligung der Lohnarbeit unterwerfen? Könnte es sein, daß nicht die Kosten, weder die Lohn-, noch die Lohnneben-, noch die Ökologiekosten das Problem sind, sondern Absatz und Nachfrage für die aktuelle Krise viel wichtigere Faktoren sind? Bleibt dann perspektivisch die Investition in den vielseitigen „Faktor Mensch" nicht doch die beste Standort-Strategie?

Auch andere Elemente von Zukunftsfähigkeit sind in der gegenwärtigen Diskussion tangiert. Umweltschutz macht den Standort Deutschland attraktiver, sagt eine Studie von 1993, und deswegen ist er eine Zukunftsinvestition. „Bisher habe es keine gezielte Verlagerung von deutschen Produktionsstätten in Länder mit niedrigen Umweltauflagen gegeben", und Konzerne hüten sich vor der Abwanderung in Staaten mit niedrigeren Standards, weil sie um ihr Ansehen fürchten (auch das ist ein kultureller Faktor). Umweltschutzausgaben betrugen 1989 0,7 Prozent des Produktionswertes, selbst in der Chemie waren es nur 1,9 Prozent.[4]

Ein schwacher Trost für die Betroffenen ist die Zuversicht, daß es im Wettbewerb nicht den permanenten Sieger geben kann, auch nicht den ewigen Zweiten. Vorsprung und Einholen durch den Imitator sind die wechselnden Zustände – aber was hilft's dem, der heute verliert?

## 3. Flexibilisierung auf Kosten des freien Wochenendes?

Solche Argumente sind noch lange auszutauschen. Diskussionsspielraum gibt es auch bei der inneren Gestaltung der Arbeitsverhältnisse.

Für Bert Rürup nimmt die Flexibilisierung der Tages-, Wochen- und Lebensarbeitszeit als Voraussetzung einer besseren Ausnutzung des fixen Kapitals sogar eine Schlüsselrolle ein – freilich nicht als sein Wunsch, sondern als eine Prognose aus einer Kapitalverwertungslogik, die er als gesellschaftlich dominant erkennt. Flexibilisierung ist mit massiven sozialen Kosten verbunden, z.B. mit dem Verlust der Zeitkultur, aber es gibt, heißt es, eine Reihe von „Sachzwängen", die dazu führen werden, daß die ökonomische Kapitalverwertungslogik über diese sozialen Kosten dominieren wird. Wir erleben z.B. eine Internationalisierung und Globalisierung des Wettbewerbs, die noch durch den europäischen Binnenmarkt und eine gemeinsame europäische Währung verstärkt wird, und dies wird dann dazu führen, daß die Standortkonkurrenz der Staaten untereinander zunehmen wird. Gleichzeitig läßt sich beobachten, daß, je internationaler ein Unternehmen operiert, es desto mehr ein „vaterlandsloser Geselle" wird. Unternehmensstandorte werden zunehmend weniger an nationale Grenzen gebunden sein. Nun leben wir in Deutschland ökonomisch auf einer Insel der Seligen, trotz des gegenwärtigen konjunkturellen Einbruchs, argumentiert Rürup weiter. Das Bruttosozialprodukt wird 1993 um ein bis zwei Prozent schrumpfen, d. h. wir werden Ende 1993 genauso reich sein wie Ende 1991, und so ganz schlecht ging es uns ja auch damals nicht. Es wird allerdings große Schwierigkeiten geben, wenn die deutsche Bevölkerung von diesem materiellen Wohlstand Abschied nehmen soll –

136

schon ein Reallohnverlust von zwei Prozent hat außerordentliche Konsequenzen.

Und wir würden, meint Rürup, größere ökonomische Einbußen erleiden, wenn wir die Flexibilisierung der Arbeitsverhältnisse nicht praktizierten. Das Sozialprodukt, von dem wir alle leben und von dessen Ergiebigkeit auch alle umlagenfinanzierten Sozialleistungen und Transfereinkommen gespeist werden, ist das Produkt der Zahl der Menschen, die arbeiten, multipliziert mit ihrer Arbeitsproduktivität, multipliziert mit der Zeit, die sie arbeiten. Das ist die ökonomische Trivialität. Die Zahl der Arbeitenden ist begrenzt, die Arbeitszeit des einzelnen Arbeitenden und damit das Arbeitsvolumen auch nur in Grenzen steigerungsfähig, also bleibt die Produktivität als Variable. Sie hängt ab von der Modernität des Kapitalstocks, diese wiederum von der Realrendite. Deswegen stellt sich vor diesem Hintergrund die Frage: Welche Möglichkeiten habe ich, die Kapitalrendite zu erhöhen? Eine Chance dazu ist die längere und bessere Ausnutzung des investierten Kapitals in flexibilisierten Arbeitsverhältnissen.

Genau in diesem Sinne fordert der Präsident des Deutschen Industrie- und Handelstages, Hans Peter Stihl, im Juli 1993 als Reaktion auf die demographisch bedingte Reduktion des Erwerbspersonenpotentials die Sechs- oder Sieben-Tage-Woche für die Maschinen und die gelegentliche Samstags- und Sonntagsarbeit für die Menschen, ferner die 40-Stunden-Woche für qualifizierte Spitzenkräfte: „Sie müssen künftig länger arbeiten, damit weniger qualifizierte Mitarbeiter mit ihrer kürzeren Arbeitszeit sinnvoll eingesetzt werden können."[5]

Wenn nicht auf die Flexibilisierung zurückgegriffen wird, dann bedeutet dies, meint Rürup, daß wir von unserer Wohlstandsfahrt Abschied nehmen müssen. Auch dies ist eine Frage der gesellschaftlichen Prioritätensetzung, und da niemand gegenwärtig prinzipiell das kapitalistische Marktsystem ändern will oder kann, wird deshalb die Flexibilisierung sich trotz mancher Widerstände durchsetzen.

Der Umbau greift Besitzstände und Standards an und versucht auf seine Weise neue Strukturen zu setzen. „Vernünftige" Betriebslaufzeiten mit fließenden Übergängen und der Entkoppelung von Arbeits- und Betriebszeiten sind ja seit Jahren üblich, und für 24% der Erwerbstätigen ist auch heute schon Sonntagsarbeit keine Ausnahme. Was jetzt ansteht, kann also nur ein Angriff auf noch bestehende Standards sein. Nicht widerstandslos wird die Gesellschaft zugunsten neuer konjunktur- (bzw. krisen-) gerechter Strukturen für die Kapitalverwertung und für die Weltmarktkonkurrenz umgebaut. Es wäre auch ein Wunder, wenn ein Fortschritt als „Bewegung um der Bewegung willen" [6] sich widerspruchslos etablieren könnte.

Die deutsche Kombination von Wohlstand und sozialer Sicherung ist, wendet Thomas Schmid ein, zum sich selbst blockierenden System geworden. Die unsinnige Politik der Verteidigung von Stahlstandorten zeigt dies. Statt die gesellschaftlichen und ökologischen Vorteile daraus zu genießen, daß ressourcenintensive Industriezweige eingeschränkt werden können, werden sie mit hohen Subventionen fortgeführt.[7] Vorausschauende Investitionspolitik oder Standortpolitik, mit der für die Beschäftigten eine Alternative geboten wird, gibt es nicht, und jene (nur auf den ersten Blick grotesk wirkenden) Strategien, die andere vorschlagen, scheitern an ökonomischen Interessenstrukturen: Der ökologisch orientierte VCD (Verkehrsclub Deutschland) hat vorgeschlagen, die Stahlindustrie durch den Ausbau des Eisenbahnnetzes zu sichern.[8] (Bruno Kreisky hat auf internationaler Ebene einst ähnliches propagiert: die Industriestaaten sollten in der „Dritten Welt" ein Eisenbahnnetz als für beide Seiten sinnvolle Investition finanzieren).

Bei der Wahrung des Besitzstandes „freies Wochenende" geht es um die Frage: Gibt es einen bestimmten Zeitraum in der Woche, der dadurch, daß er weitestgehend von Erwerbsarbeit freigestellt ist, ordnend in die Lebensbedingungen hineinwirkt? Und: Wenn wir heute diesen Standard „freies Wochenende" aufgeben, wird dann nicht eines Tages auch gesagt werden: Wir können uns nicht mehr den Luxus leisten, Alten und chronisch Kranken eine genauso teure Gesundheitsfürsorge zuzubilligen wie den produktiven Leistungsträgern unserer Gesellschaft, und innerhalb dieser Leistungsträger müssen wir ebenfalls noch nach ihrer Effizienz gewichten. Oder gibt es solche Prioritätensetzungen etwa schon?

138

Wenn sie solche sozialkulturellen Standards verteidigen, dann wird den Gewerkschaften unzureichende Flexibilität vorgeworfen. Zu den Kräften, die einer sinnvolle Verteilung von Arbeit und Einkommen entgegenstehen, gehören auch die Gewerkschaften, meint Thomas Schmid. Es sei heute so, daß wir in einer von beiden Klassen her außerordentlich regulierten und hochgerüsteten Gesellschaft leben, in der an allen Ecken Besitzstände verteidigt werden. Die Veränderung von solchen Besitzständen und Standards ist sowohl zweischneidig und risikoreich als auch außerordentlich kompliziert. Einerseits ist ohne manche Standards das Leben nichts mehr wert, andererseits erschweren sie die Anpassung an veränderte Rahmenbedingungen.

Möglich jedenfalls sind Veränderungen auch mit den Beschäftigten und den Gewerkschaften, nur nicht allein auf ihre Kosten. Die Widerstände gegen Flexibilisierung sind umso intensiver, je weniger die Betreffenden selbst direkt damit in Berührung kommen. In den Betrieben, die Flexibilisierung ermöglichen, ist die Zufriedenheit relativ hoch. Über die Flexibilisierung der Arbeitszeiten, vor allem bezogen auf die Tages- und Wochenarbeitszeit, als Verbesserung der Lebensqualität wird auch in gewerkschaftlichen Kreisen nachgedacht: „... ich bin in der Tat für verbesserte Möglichkeiten von Teilzeitarbeit, weil ich denke, es gibt eine ganze Menge Leute, die eine Weile mal in ihrem Leben eben nur Teilzeit beschäftigt sein wollen ...“ Das sind „Investitionen in die Lebensqualität“ und die „Qualität der Lebensbedingungen“, die auch arbeitsmarktpolitisch interessant sind; mit Hilfe von Tariffonds können auch soziale Härten dabei vermieden werden. Solche Lösungen werden umso interessanter, je mehr die Menschen einsehen, „daß die Erwartung, wir könnten alle Verteilungsprobleme über Wachstum lösen und über das Verteilen von Zuwächsen, ziemlich unrealistisch geworden ist“.[9] Immerhin wurden auch in der Vergangenheit schon Produktivitätszuwächse tariflich in mehr freie Zeit umgesetzt.[10]

Auch hier wird die Auseinandersetzung weitergehen, und sie wird sich nähren können von den gewaltigen Unterschieden in den einzelnen Sparten der Ökonomie.

Aber an den Absatzkrisen als Ursachen von Einbrüchen geht dieser Streit vorbei.


## 4. Der zweite Arbeitsmarkt

Je mehr Vollbeschäftigung nur aus Wettbewerbsgründen aufgegeben werden soll (und nicht, wie bei Ernst Ulrich von Weizsäcker, im Kontext einer Veränderung der Prioritäten, s.u.), umso mehr werden Auffangräume für freigesetzte Arbeitskräfte nötig, will man nicht den sozialen Frieden und das kulturell-zivilisatorische Niveau gefährden. Es gibt Praktiken, mit denen das „geschützte Normalarbeitsver- hältnis" bedroht und relativiert wird. Zu ihnen zählt der „zweite Arbeitsmarkt". Die ökonomische Dynamik er- zwingt die Diskussion darüber ebenso wie die über die Negativsteuer als soziale Grundsicherung unabhängig von der Erwerbsarbeit (womit ein über lange Zeiten bestehender Zusammenhang entkoppelt wird).[11]

Aus gewerkschaftlicher Perspektive scheint die „Negative Einkommenssteuer" (wie Fritz Scharpf sie vorgeschlagen hat) kein geeigneter Weg zur Sicherung von Arbeit für alle zu sein. Sie setzt im Kern voraus, jede Arbeit dadurch marktfähig zu machen, daß man die Arbeit mit den Lohnkosten nur billig genug macht und die Ein- kommenslücken durch einen öffentlich finanzierten Zu- schlag kompensiert. Nun liegt ein Stück der Mobilisie- rungsfähigkeit für die Tarifpartei der Arbeitnehmer gerade im Kampf um höhere Löhne. Dieses Motiv fällt weg, wenn das Einkommen auf die gleiche Höhe nivelliert wird wie das Tarifeinkommen. Welches Interesse sollen dann die Ar- beitnehmer noch haben, für höhere Löhne zu kämpfen? Die Arbeitgeber haben erst Recht kein Interesse daran, weil für sie die Differenz ja bezahlt wird. Dieser Weg führt zur Aufgabe der Tarifautonomie, und wer ihn vorschlägt, muß sich auch Gedanken über neue Methoden des Aushandelns von Tarifen machen, meint ein Vertreter der IG Metall.

Wolfgang Thierse weist darauf hin, daß die Negativsteuer kein Vorschlag der SPD ist, man aber darüber reden muß,

140

wenn man nach Mitteln sucht, einer dramatischen Spaltung der Gesellschaft zu begegnen. Voraussetzung für akzeptable Lösungen sind Brücken zwischen dem Normalarbeitsverhältnis und dem zweiten Arbeitsmarkt, etwa mit Übergangszeiten. Auf Steuerprogression für solche Transferleistungen werde der Staat zurückgreifen müssen, um den Chancenlosen eine Chance zu geben, meint Thierse. E.U. von Weizsäcker dagegen möchte dies finanzieren durch eine ökologische Steuerreform, bei der über viele Jahre hinweg der Ressourcen- und Energieverbrauch immer teurer wird. Die Staatseinkünfte daraus werden u. a. für die soziale Sicherung verwendet, sodaß Erwerbsarbeit und soziale Grundsicherung entkoppelt werden (s. u.).

Für E.U. von Weizsäcker liegt der Vorteil einer Negativsteuer nicht nur in dem gleitenden Übergang zwischen Sozialhilfe und Vollbeschäftigung, sondern auch in der Leistungskomponente, die dafür sorgt, daß selbst diejenigen, die am wenigsten verdienen, immer noch mehr als das Existenzminimum haben. Auch für die Arbeitnehmervertretungen sieht er einen Vorteil: Die größte Schwächung der Arbeitnehmerseite geht derzeit, sagt er, nicht vom zweiten Arbeitsmarkt aus, sondern von der Massenarbeitslosigkeit. Wenn das Gespenst der Hoffnungslosigkeit durch einen zweiten Arbeitsmarkt erwürgt werden kann, dann ist die Verhandlungsposition der Arbeitnehmerseite gestärkt. So ließe sich konstruktiv damit umgehen, argumentiert E.U. von Weizsäcker. Deswegen ist es keine Resignation, wenn er sagt: Wir müssen dafür sorgen, daß, wenn dieser zweite Arbeitsmarkt denn nicht verhinderbar ist, er wenigstens mit einer anständigen sozialen Absicherung gekoppelt wird.

Ein anderes Rezept hat Wolfgang Koslowski: Er will mit Staatshilfe (oder derjenigen des Sozialsystems) die Unternehmen in die Lage versetzen, innerhalb des Betriebes auf „internen Arbeitsmärkten" Mitarbeiter zu „parken", bis sie wieder gebraucht werden.

Der zweite Arbeitsmarkt existiert jedenfalls und wird so schnell nicht mehr wegzudenken sein. Vielleicht ist er ja auch deswegen perspektivisch interessant, weil der erste Arbeitsmarkt immer höhere Anforderungen stellt, während im zweiten Chancen für subjektiv bessere Lebensqualität entstehen. Wenn dann der zweite Arbeitsmarkt auf den ersten ausstrahlt, dort Ansprüche bezüglich besserer Lebensqualität und weniger Streß weckt und so diesen zu humanisieren beginnt, wäre das eine Chance (und gerade deswegen sind manche ja auch skeptisch, weil sie die „Arbeitsmoral" gefährdet sehen). Das wäre jedenfalls perspektivisch interessanter als umgekehrt sich zu überlegen, wie man trotz der Wohlstandssteigerungen Menschen zu längerem Arbeiten bewegen kann. Schließlich gelten in den Unternehmen heute schon äußerst harte und inhumane Regeln: wie in der Seefahrt gilt die Regel „Schiff vor Mann", und wenn es in die Rettungsboote geht, gib ja nicht zu, daß du verletzt bist, denn da muß gerudert werden. Und im Personalmanagement gilt die „75er Regel": Wer 55 Jahre und mehr alt ist und 20 Jahre im Betrieb gearbeitet hat, muß gehen – so die Erfahrungen aus der Praxis.

## 5. Der Kulturvergleich:
### Die Rolle von kulturellen Normen, oder:
### Banker sind so vernünftig wie Arbeitslose

Zur Sicherung des Industriestandorts Deutschland wird die Nachahmung der Vorbilder anderer empfohlen. Leicht gleitet die Diskussion dabei heute vom Wirtschaftsvergleich zum Kulturvergleich. In den USA wird mehr gearbeitet als in Deutschland, heißt es, und die Arbeit ist bei uns im Gegensatz zu den USA wegen des hohen Staatsanteiles zu teuer, sodaß Schwarzarbeit attraktiv ist, usf. Dergleichen Argumente sind kleine Scheidemünzen in den aktuellen Diskussionen. Aber solche einfachen Vergleiche, meint Warnfried Dettling, sind nicht aussagekräftig: Die Produktivität ist entscheidend. Weil in den USA die Arbeit zu billig war, ist sie dort nicht qualifiziert worden. Starke Wirtschaft, viel Freizeit und hohe Sozialstandards sind die besonderen Kennzeichen Deutschlands – und die sind auch positive Standortfaktoren. Der Standort wird vielleicht mehr gefährdet, wenn der Übergang von der Bildung zum Beruf nicht mehr funktioniert. Obwohl ein perspektivischer

Facharbeitermangel und eine wachsende Bedeutung der Produktivkraft Qualifikation voraussehbar ist, läßt sich eine Flucht der Betriebe aus der Ausbildung beobachten.

Friedhelm Hengsbach warnt davor, bei der Diskussion um Rationalisierung, Wettbewerb und Standortvorteile einfach einzelne Aspekte herauszupicken. Wer z.B. die japanische Arbeitsorganisation oder deren Form von Lean Production übertragen will, der muß gleichzeitig die japanischen Frauen nach Deutschland exportieren. Erst wenn die deutschen Frauen den Lebensstil der japanischen oder die deutschen Pensionäre die Lebensführung der japanischen übernehmen würden, erst dann ginge das. Ein Wirtschaftsstandort ist ein Komplex von gesellschaftlichen, normativen und wirtschaftlichen Faktoren. Wenn wir immer nur einzelne Aspekt zu übernehmen vorschlagen, dann lösen wir damit ein Steinchen nach dem anderen aus der Struktur unserer eigenen eigentlichen sozialkulturellen Wettbewerbsvorteile heraus.

Außerdem funktioniert auch die vielgepriesene japanische Unternehmenskultur nur in Phasen des Fortschreitens und des Aufstiegs. Wenn die Verbesserungsvorschläge zum Wegrationalisieren des eigenen Arbeitsplatzes führen, dann sinkt auch empirisch nachweisbar die Motivation dazu außerordentlich.

Man kann natürlich den Kultur-Vergleich auch radikal zuspitzen und im Planspiel die extrem bescheidene Lebensweise der protestantischen Sekte der Amischen in den USA [12] für die Arbeitenden empfehlen und barocken Luxus für die privilegierten Konsumentenklassen – aber dann hätte Fords „Tin Lizzy" als Massenprodukt nie eine Chance gehabt.

Die Diskussion über arbeits- und wirtschaftskulturelle Unterschiede der Standorte macht auf die außerordentliche Bedeutung kultureller Aspekte aufmerksam.[13] Sie fällt damit vielleicht sogar auf hinterlistige Weise jenen in den Rücken, die sich die ökonomiefreundlichen Rezepte aus dem Ausland holen wollen: Standards und Werte, kulturelle Faktoren also, sind nicht nur nicht beliebig veränderbar, sie stellen sich auch den ökonomischen Sachzwängen in den Weg.

Natürlich sind solche Standards, wie angedeuet, ambivalent: Versteinert und erstarrt schränken sie Spielräume

143

ein. Aber sie verhindern auch, daß die ökonomische Dynamik sich rücksichtslos auf Kosten humaner Qualitäten durchsetzt. Entwickeln läßt sich so das ganze Spektrum idealistischer Interpretationen von Geschichte – einst von den Marxisten zurückgewiesen als unzulässige Einmischung des Ideellen in den „objektiven" und „gesetzmäßigen" Verlauf der Geschichte, jetzt auch von Linken als Instrument zur Eindämmung ökonomischer Dynamik empfohlen.

Es gibt in den aktuellen Prozessen einige Indizien für diese Bedeutung des Kulturellen. Für Telearbeit z. B. wurde einst, vor 10, 15 Jahren, in einer von Bert Rürup mitverantworteten Studie ein Potential von 2,5 Mio Personen angenommen. Das war, so Rürup heute, eine schlicht falsche Prognose, die dem institutionellen Beharrungsvermögen ein zu geringes Gewicht beimaß. Manche meinen, dies habe auch etwas damit zu tun, daß Abteilungsleiter ihre Mitarbeiter sehen wollen; vielleicht spielte auch die Angst vor der isolierten Monade am Bildschirm im grünen Provinz-Getto eine Rolle. Auf jeden Fall standen nicht ökonomische Gründe im Vordergrund.

Warum müssen alle Banken in Frankfurt sein? Es gibt auch dafür keinen vernünftigen ökonomischen Grund. Die Banker selbst, so Rürup, reden von den „Fühlungsvorteilen" – das bedeutet konkret, sie wollen miteinander schwätzen, essen usf. Das sind rational kaum nachvollziehbare Elemente, aber sie schaffen Fakten. Ähnlich ist es mit der Telearbeit bei uns – in anderen Ländern ist sie weiter verbreitet.

Arbeitslose fragt man, ob sie lieber arbeitslos als mobil sein möchten, und verlangt von ihnen arbeitsmarktgerechte Mobilität. Aber auch ihnen geht es um „Fühlungsvorteile". Das eigene Häuschen, letzter Hort der Sicherheit (oder als solcher gedacht) ist langlebiger als die Fabriken, die als verlängerte Werkbänke in der Provinz gebaut wurden und um die herum sich die Arbeitenden ansiedeln sollten. Auch private soziale Netze sind oft haltbarer und zuverlässiger als schnell versprochene, schnell wieder verlorene Arbeitsplätze. Warum soll dem Arbeitslosen nicht recht sein, was dem seine „Fühlungsvorteile" suchenden Manager billig ist?

144

Kulturelle Standards und soziale Normen gelten innerhalb von geographisch-kulturellen Grenzen. Das muß kein Grund für Nationalismus sein, spielt aber heute eine Rolle. Woher soll die Solidarität kommen, fragt Wolfgang Thierse. Wenn man elementare Ungerechtigkeiten erlebt, geht die Bereitschaft dafür verloren. Thierse fragt nicht mehr nach den strukturellen Ursachen, sondern affirmiert den Rückzug auf historische Gemeinschaften (ein Prozeß, der in Rußland z.B. Altbolschewiki und Nationalisten zusammenführt): Vielleicht sollte man, meint er, die unterschiedliche Verteilung der Lasten in der deutschen Geschichte nicht außer acht lassen – sie sollte Anlaß für die Soldarität des Westens sein. Er spricht von der „Verantwortungsgemeinschaft" Nation. Thierse meint das zwar nicht nationalistisch, aber aufgewertet wird der Nationalstaat dadurch gleichwohl. Er ist die primäre Institution zum Ausgleich sozialer Chancen (und deswegen lebt er auf in Zeiten der Krise, und deswegen aber kann er auch in ältere ethnische Einheiten zerfallen).[14]

## 6. Das dünne Eis der Demokratie und die soziale Krise

Der Umbau des Sozialstaates tangiert jenen sozialen Konsens, von dem die Gesellschaft lebt. Wie weit ist die derzeitige ökonomische Krise auch eine solche der Demokratie, wird gefragt. Wenn Friedhelm Hengsbach einen solchen Zusammenhang unterstellt, dann entgegnet Warnfried Dettling, die Demokratie sei noch nie so sicher und so allgemein akzeptiert wie heute.

Aber die Verteilungskrise produziert soziale Instabilität und damit die Forderung nach „law and order" und dem „starken Mann", halten ihm andere entgegen. Auch das militante Einfordern von Transfermitteln, z. B. mit Hilfe der politischen Provokation (rechts wählen, um es „denen da oben" einmal zu zeigen), ist schließlich ein destabilisierendes Potential. Und wenn Sozialwissenschaftler der Frage nachgehen, wie Menschen längere Arbeitslosigkeit verkraften, so kommen sie einerseits auf Erscheinungen wie den Verlust der Zeitstruktur oder Apathie, finden aber auch Gewaltpotentiale. Die Demokratie ist wie eine dünne Eisdecke. Das Versprechen, mit einer wiederkehrenden Konjunktur werde alles besser, ist nicht mehr glaubwürdig.

Es läßt sich beobachten, wie die Verteilungskämpfe, auch solche um die Neuverteilung des Arbeitsvolumens, auf manifeste Weise sozialkulturelle Standards verändern und zerbrechen: „Hauptsache Arbeit" zerstört die Tarifvertragsfähigkeit. In Ostdeutschland überlagert die Angst, den Arbeitsplatz zu verlieren, alles andere.[15]

Und wenn's um das Unternehmen geht, greifen auch Unternehmer gelegentlich zu demokratiegefährdenden kriminellen Strategien. Die Unternehmen nutzen immer intensiver legale Schlupflöcher, um im Ausland den hohen einheimischen Steuern zu entgehen, und die Behörden werden aufgefordert, die Tricks der Wirtschaft zu tolerieren.[16] Wolfgang Thierse berichtet: Bei den Solidarpaktgesprächen wurde auch gesprochen über Mißbrauch – aber schon die Größenordnungen sind eindeutig. Der Mißbrauch von Steuergesetzen in anderen Etagen dieser Gesellschaft erzeugt im Vergleich zu dem bei den Sozialleistungen den zehnfachen Verlust, und als darüber geredet wurde, da war die andere Seite sehr schnell dabei zu sagen, daß man da ja ohnmächtig sei. Bei den kleinen Leuten kann man viel leichter kontrollieren. Die öffentliche Aufmerksamkeit ist bei der demagogischen Polemik gegen „Sozialmißbrauch" sehr ungleichgewichtig verteilt, klagt Thierse.[17] „Freie Wirtschaft braucht Gesetze, sonst ist sie Mafia", so argumentiert in Österreich Nestlé-Präsident Helmut Maucher.[18]

Opfer der sozialen Krise ist schon das Asylrecht geworden. Jener sozialkulturelle Standard, gewachsen in den bitteren Erfahrungen des Nationalsozialismus, daß politisch verfolgte Asyl genießen, ist ausgehöhlt. Die Politik hat sich dazu drängen lassen, weil soziale Unsicherheit bei einigen zu gewalttätigem Haß gegen Minderheiten führte.

Gleichzeitig wird die Migration konzeptionell voll in den Dienst der Wachstumsgesellschaft gestellt. Zu den Strategien der Absicherung des Standortes Deutschland gehört die Einwanderungspolitik. Die Römer haben einst versucht,

146

mit dem Limes die Einwanderung zu stoppen. Aber Völkerwanderungen, meint Bert Rürup, kann man nicht gesetzlich aufhalten. Solange es große ökonomische Potentiale bei uns gibt und solange derart eklatante Wohlstandsdifferenzen herrschen (sie sind daher zu den „Fluchtursachen" zu zählen), solange werden die Menschen kommen. Man könne nur versuchen, diesen Prozeß in Grenzen zu steuern. Deshalb seien, so Rürup, Einwanderungsgesetze sinnvoll, um Einwanderung nach bestimmten nationalökonomischen Kriterien zu selektieren. In den europäischen Nachbarländern werde in 10, 15 Jahren eine ähnliche demographische Entwicklung einsetzen wie bei uns, und dann könne es sogar soweit kommen, daß es eine Einwanderungskonkurrenz zwischen den EG-Staaten gibt.

## 7. Neue Ideen in der Sozialpolitik

Alexander Gauland zitiert eine Anekdote, derzufolge Lord Palmerston einst, um sich einen Eindruck vom Elend der Fabrikkinder zu verschaffen, einen Webstuhl in seinem Büro aufschlagen und ein Kind daran arbeiten ließ. Mehr Kontakt zur Wirklichkeit scheinen viele Politiker und Manager heute auch nicht zu haben, und sie geben sich noch nicht einmal soviel rührende Mühe wie Palmerston. Wer in der Frankfurter „Freßgass" macht sich schon klar, daß das Einkommen eines vollerwerbstätigen Facharbeiters in einer Stadt wie Frankfurt am Main kaum noch ausreicht, um eine Familie zu finanzieren. Aus der Optik der Marginalisierten und aus derjenigen von Langzeitarbeitlosen oder überschuldeten Familien erst sieht unsere Realität noch ganz anders aus.

Es ist angesichts des aktuellen Charmes des Reichtums schwer, Resonanz für den Umgang mit diesen Problemen zu finden:[19] Die Akzeptanz des Reichtums hat in der Bevölkerung seit Anfang der siebziger Jahre erheblich zugenommen. Und erst recht in der Politik: „Aus Furcht, daß hohe Sozialtransfers die Leistungsträger dazu bringen, die Solidargemeinschaft aufzukündigen, wird die Angst, daß der Teufelskreis das Gemeinwesen sprengt."[20]

Die Verbilligung der Arbeitskraft durch Flexibilisierung und Aufdröseln des sozialen Netzes, verbunden mit derzeit verringertem Aufkommen aus den erwerbs- und produktionsabhängigen Steuern, schaffen soziale Probleme und neue Armut.[21] Weil die Kommunen als Träger der dabei auftretenden Kosten sich überfordert sehen, sind neue Ideen in der Sozialpolitik derzeit ein Konjunkturartikel.

Das Gutachten von Johannes Münder (Berlin) empfiehlt 1993 die Einführung einer bedarfsgerechten Grundsicherung, die den Arbeitslosen von der Arbeitslosenversicherung, den Altersrentnern von der Rentenversicherung zu zahlen wäre. Dadurch soll der Bezug von Sozialhilfe in der Regel überflüssig werden und das Verarmungsrisiko sich verringern.

Viele sehen für grundlegendere Reformen derzeit in Deutschland geringe Chancen.[22] Deshalb wird die Suche nach anderen Strategien intensiviert. Sie beziehen sich auf die lokalen Strukturen, weil bei den unmittelbaren Akteuren mehr Chancen vermutet werden.

Die mobile Armutsbevölkerung tendiert heute dazu, in die Städte zu wandern. Dabei gibt es große Unterschiede zwischen den Städten, ferner ausgeprägte sozialgeographische Strukturen: Um eine Stadt wie Frankfurt herum hat sich ein „Speckgürtel" gebildet, dessen Verantwortliche nach dem Motto handeln: Wie schön, daß wir so nahe an Frankfurt leben – Gott sei Dank haben wir mit Frankfurt nichts zu tun.[23] In den Leitbildern der heutigen Kommunen kommt die Armutsbevölkerung nicht vor. Sie trägt – im Gegensatz zur Kultur – wenig zum Image bei, und Mehrheiten (so glaubt man wenigstens) lassen sich auch ohne die Armen gewinnen.

Heute ist eine nicht mehr nur fürsorgeorientierte Armutspolitik, die nur Armutskarrieren produziert, angesagt, auch keine obrigkeitsstaatlich-etatistische. Beider Defizit-Ansatz sorgt dafür, daß die Professionalisierung der Sozialarbeit ins Dysfunktionale umschlägt. Statt des Defizit-Ansatzes möchte Warnfried Dettling nach den Kompetenzen fragen, die (noch) in den Menschen stecken.

148

Sie zu Arbeit für sich selbst und für die eigene Perspektive zu veranlassen ist interessanter als gemeinnützige Pflicht-Arbeit, die als Strafe empfunden wird und nicht zur Verbesserung des Selbstwertgefühles beiträgt. Das Gefühl der Souveränität über die eigenen Lebensverhältnisse ist nicht nur dem Manager wichtig. Immerhin schafft Arbeit ja auch die Chance, die Schranken der Geburt zu durchbrechen.

In der aktuellen Sozialpolitik werden daher intelligente Kombinationen verschiedener Möglichkeiten in innovativer, investiver und beschäftigungsorientierter Sozialpolitik, gekoppelt mit Beratung und Qualifikation, nachgefragt. Vieles davon wird schon praktiziert, insofern ist das nicht neu. Es ist auch kein Universalhilfsmittel: Viele aus der Klientel kommen dafür nicht (mehr) in Frage, weil die Individuen schon allzu inkompetent geworden sind. In manchen Aspekten verschiebt diese Politik die Konflikte und Probleme vielleicht auch nur in neue Zonen: Solange die Konkurrenz auf dem Arbeitsmarkt so groß ist, sind die Chancen für den Neu- oder Wiedereinstieg nicht besonders gut. Wenn allerdings die neu- oder wiedergewonnene Kompetenz und Arbeitsfähigkeit (zunächst) überhaupt nicht auf dem Markt erscheint, sondern als Eigenarbeit primär subsistenzorientiert ist, findet eine solche Verschiebung vielleicht am wenigsten statt: Dann wird die Lebenssituation unmittelbar verbessert, und die Ressourcen dafür werden neu erschlossen, nicht anderswo weggenommen. Die Gewinne werden positiv verbucht, ohne anderswo als Kaufkraft – zu der sie ja nie geworden wären – zu fehlen oder sonstwie nennenswerte Probleme zu bereiten (vgl. S. 155 f.).

## 8. Dienstleistungskatastrophe und neue Armut

Warnfried Dettling sieht in der sozialen Krise zwar keine Gefährdung der Demokratie, nennt aber zwei dramatische Entwicklungen, die immer weniger beachtet werden, je mehr wir uns auf die wirtschaftlichen Probleme kon-

149

zentrieren: Die Entwicklung zur sozialen Dienstleistungskatastrophe, und die zunehmende soziale Spaltung der deutschen Gesellschaft.

Die Nachfrage nach Dienstleistungen wird wachsen, weil die Menschen älter werden und die Krankheitsbilder anders aussehen.[24] Früher sind die Menschen „ökonomisch" gestorben, heute leben sie länger und damit werden sie teurer. Soziale Dienstleistungen werden heute noch zu 80 % in der Familie erbracht – konkret meist von Frauen. Aber es läßt sich die eindeutige Prognose wagen, daß die Frauen des 21. Jahrhunderts nicht in der gleichen Weise um Gotteslohn diese sozialen Dienstleistungen bereitstellen werden. Damit öffnet sich die Schere zwischen Angebot und Nachfrage dramatisch.[25]

Zwei Strategien gibt es derzeit dafür: Eine Verstärkung des Ehrenamtes, oder eine Verberuflichung der sozialen Dienstleistungen. Wollen wir uns auf diese beiden Alternativen beschränken? Läßt sich diese Nachfrage nach sozialen Diensten von einem modernisierten Ehrenamt decken, vor allem auch, wenn es nicht staatlich honoriert wird? Oder wäre es die wünschenswerte Form, wenn hauptberufliche soziale Dienstleister mit der ÖTV im Herzen und dem Tarifvertrag unterm Arm tätig wären, und das ganze in monetärer Logik betrieben würde? Warnfried Dettling, der diese Frage stellt, meint, daß wir mehr soziale Berufe haben werden müssen, aber es ist offen, ob es sinnvoll wäre, den ganzen Bereich ausschließlich durchzuprofessionalisieren. Mischsysteme mit unkonventiellen Bestandteilen, soziale Netze neuer Art, Selbst- und Nachbarschaftshilfe usf. gehören zu den interessanteren Perspektiven.

Verschärfend wirken neue soziale Strukturen. Unerkannt aber wirkungsvoll entsteht zusätzlich zu der Spaltung in Reich und Arm die zwischen reproduktiver Armut und einem produktiven Reichtum. Durch die Gesellschaft geht schon jetzt der Riß der neuen Armut. Das Deutsche Jugendinstitut hat einen Familienatlas veröffentlicht, der sehr instruktiv auf die Probleme aufmerksam macht. Seine sozialen Landkarten zeigen, daß all die Regionen und Kreise, die in produktiver Hinsicht reich sind und über ein hohes Bruttoinlandsprodukt, hohes Pro-

Kopfeinkommen, hohen formalen Bildungsstand und hohen Frauenerwerbsanteil verfügen, in anderer Hinsicht arm dran sind: Wenn man fragt, wie und wo leben die Alten, mit wem und wie wachsen die Kinder auf, wie geht es denen, die nicht mehr produzieren können, dann finden wir dort „kinderfreie Zonen", „entsorgte Alte" usf.

Die schwarze Utopie läßt sich dramatisch zuspitzen: Es könnte sein, daß wir in Zukunft erfolgreich die Attraktivität des Industriestandorts Deutschland verteidigen und auch Erfolge in der traditionellen Bekämpfung der Arbeitslosigkeit haben, und daß die Gesellschaft trotzdem sozial verelendet. In den USA sind im vergangenen Jahr 70 000 Alte einfach ausgesetzt worden. Das gehört zur schwarzen Utopie. Was kann man tun, um dieser Verelendung des reproduktiven Bereichs zu begegnen? Wäre die Verkürzung der Arbeitzeit im alten Sinne, um mehr Ressourcen hier hineinverlagern zu können, ein Weg? Sozialzeit als „Sozialer Dienst" für junge Männer, wie Warnfried Dettling ihn vorgeschlagen hat, ist auch „Dienen fürs Vaterland" – und wenn immer von den Männern verlangt wird, sie sollten sich mehr an der Haushaltsarbeit beteiligen, wo sollen sie es denn lernen können?[26]

Die Frage ist hier wie anderswo: Finden wir uns mit solchen Trends ab oder suchen wir nach Möglichkeiten, um etwas von dem gesellschaftlichen Reichtum, der in anderen Bereichen erzeugt wird, in die Problembereiche zu investieren? Das aber geht nicht ohne Politik.

Wenn die Gesellschaft innerhalb der Grenzen des Nationalstaates (irgendwann auch auf größerer Ebene) die zentrale Verteilstelle für den sozialen Ausgleich ist, dann muß sie ihrer inneren Sicherheit, aber auch ihrer Zukunftsfähigkeit wegen, dafür entsprechend investieren, sonst zerfällt ihre moralische Legitimation, ihre Attaktivität und schließlich auch ihre Stabilität.

Auf die Dimension der moralischen Integrität und Attraktivität macht Henrich von Nussbaum aufmerksam: Wenn die Beobachtungen von Dettling und anderen richtig sind, dann ist das von dramatischer Konsequenz für unser Gesellschaftsmodell. Dann gleichen sich nämlich im Grunde die Gesellschaftsstruktur von „Entwicklungsländern" und die von hochentwicklten Ländern einander an. In beiden Sphären gibt es dann einen großen Sektor, der von der gesellschaftlich bezahlten Arbeit überhaupt nicht mehr erreicht wird, während gleichzeitig die Grundbedarfskosten außerordentlich steigen. Dann können wir uns überhaupt nicht mehr anmaßen, der Welt etwas beibringen zu können.

Um moralisch-kulturelle Überzeugungskraft durch eine als gerecht empfundene und akzeptierte Gesellschaft zu gewinnen, sind verschiedene Strategien möglich – aber alle haben ihre Grenzen. Das gilt für die staats- und politikabhängigen Strategien, aber auch für jene, die auf den Markt bauen.

## 9. Wann wird Arbeit zur Erwerbsarbeit?
Oder: Nicht alles kann zur Ware werden

Man muß den Eindruck gewinnen, daß die Gesellschaft nicht zurandekommt mit diesen Problemen, weil sie Arbeit auf außerordentlich verengte Weise definiert und all das höchst privilegiert behandelt, was als zahlungskräftige und -fähige Nachfrage auf dem Markt erscheint.

Henrich von Nussbaum fragt, wer denn entscheidet, wann eine Arbeit wie z.B. sozialer Dienst zur Erwerbsarbeit wird. Arbeit als Herstellen bzw. Bereitstellen von knappen Gütern und Dienstleistungen wird, erklärt der Ökonom Bert Rürup, zur entgeltentlohnten Erwerbsarbeit durch die Ausgliederung von bestimmten Funktionen aus gesellschaftlichen Subfunktionen ins ökonomische System. Innerhalb einer Gesellschaft gibt es verschiedene arbeitsteilige Subsysteme – z.B. das religiöse, das familiäre, das wissenschaftlich-kulturelle und das ökonomische Subsystem, das Güter und Dienstleistungen zur materiellen Bedürfnisbefriedigung bereitstellt. Jedes dieser Subsysteme besitzt eine spezifische Sprache und ein eigenes Artikulationsmedium, und die Sprache des ökonomischen Subsystems ist die Entfaltung von monetärer Nachfrage. Auch in allen anderern Subsystemen wird gearbeitet, aber es wird keine Erwerbsarbeit geleistet.

Arbeit wird Erwerbsarbeit, indem sie aus einem beliebigen anderen Subsystem ausgegliedert und mit Hilfe von Kaufkraft und Nachfrage ins Ökonomiche transferiert wird. Man kann z.B. Hausfrauenarbeit restlos vermarkten – aber dann gehört sie nicht mehr zum familiären Subsystem.

Wenn eine Tätigkeit in Erwerbsarbeit verwandelt werden soll, müssen dafür Märkte geschaffen werden – durch staatliche Verordnung oder durch eine gesellschaftliche Evolution. Bei der Pflegeversicherung z.B. wird versucht, Leistungen des sozialen Systems durch eine staatliche Verordnung zu verpreisen, um im ökonomischen System potentielle Nachfrage zu entfalten. Aber so etwas geht nur in relativ engen Grenzen.

Ein Problem ist die Herstellung von Marktfähigkeit für Gemeinschaftsausgaben wie Gesundheit, Verkehr, soziale Dienste. Die Krise der Dienstleistung wird von den Ökonomen unter dem Stichwort der Baumol'schen Kostenkrankheit diskutiert: Personengebundene und nicht automatisierbare oder rationalisierbare Leistungen werden überproportional teurer, wenn in anderen Bereichen die Produktivität der menschlichen Arbeit steigt.

Wenn man sie administrativ marktfähig gemacht hat, dann produzieren Dienstleistungen gerne Kostenlawinen wie im deutschen Krankenhaus- und Gesundheitswesen. Freilich wird in den USA dennoch ein bedeutend höherer Anteil des Bruttosozialprodukts für das Gesundheitswesen ausgegeben als in Deutschland – die Höhe der gesellschaftlichen Ausgaben hat wohl auch etwas mit der Prosperität einer Gesellschaft zu tun. Wofür aber lohnt Wohlstand sich, wenn nicht für die Erhaltung der Gesundheit, von der, wie Schopenhauer meinte, 80 Prozent unseres Lebensglückes abhängen?

Übrigens scheint das als marktkonform gepriesene duale Müllsystem, indem es Kaufkraft für neue Leistungen gleichsam verordnet, eine ähnliche Dynamik zu produzieren wie das perfektionierte soziale System: Es produziert, sich auf die gesicherte Deckung durch den politischen Willen und den Problemdruck verlassend, aufwendige und bruttosozialproduktschluckende Strukturen, die immer teurer werden.

Die konkrete Kosten- und Strukturentwicklung im Sozialbereich ist auch interpretierbar als das Spiegelbild des universellen Geltungsanspruches des Marktprinzipes und der Vermarktung von allem. Was dort geschieht, ist prinzipiell marktkonform, aber in vieler Hinsicht dysfunktional. Es ist mit den Mitteln der Marktgesellschaft der Versuch, die Symptome des Marktversagens zu kompensieren. Die Gesellschaft wird in immer mehr Bereichen marktwirtschaftlich zugerichtet, aber gleichzeitig werden nichtmarktgesellschaftliche Verhaltensweisen wie Solidarität neu eingefordert,[27] obwohl ihnen eigentlich die Substanz entzogen ist.

## 10. Wohlfahrts- oder Wachstumspolitik

Jedes Subsystem setzt aus eigener Kompetenz seine Prioritäten, auch im Konflikt mit anderen. Es macht aber in der Politik anscheinend einen Unterschied, was dort an Prioritäten gesetzt wird: Eine dezidierte Wachstumspolitik sieht anders aus als eine solche, die Wohlfahrt und Wohlbefinden der Bürger eines Staates in den Vordergrund stellt – genau wie ein Unterschied zwischen einer imperialistischen Expansionspolitik und einer der saturierten Statusverteidigung besteht.

Die Überlegungen von Ernst Ulrich von Weizsäcker illustrieren für die Gegenwart diese Unterschiede. Statt Beschäftigung um der Beschäftigung willen schlägt er eine Politik der lebensqualitätsbezogenen Wohlstandssicherung vor. Sie hat Auswirkungen auf das Selbstverständnis der Arbeit in dieser Gesellschaft: Wenn eine „Quartarisierung" auf der Basis der Individualisierung der Lebensstile die „wohlstandsförmige Schrumpfung des Erwerbsarbeitsvolumens und die Rückwanderung von manchen Tätigkeiten in gar nicht oder 'schwarz' bezahlte Arbeit" bewirkt, dann verändert dies die Gewichtung der nichtmarktförmigen Arbeit.

Die Eigenarbeit ist freilich längst Bestandteil der gesellschaftlichen Reproduktion auch der Marktgesellschaft. Die in den Haushalten geleistete Arbeit entspricht in der BRD 1,08 Billionen DM, das sind 68 % des BSP – so zitiert Bernhard Wilpert eine aktuelle Studie. Eigentlich steht ein Umformulieren des Arbeitsbegriffes an, bei dem jene Arbeit, die unentgeltlich geleistet wird, einbezogen wird. Ein neuer Modus der Verteilung des durch Arbeit geschaffenen Mehrwertes wird deutliche Konsequenzen für alle haben, meint Wilpert. Aber sie ist nötig, wenn stimmt, daß gesellschaftlich anerkannte Arbeit ein entscheidendes Instrument der Sinnstiftung ist.

Wir beobachten einen widerspruchsreichen Umgang mit nicht-marktförmigen Praxen wie Eigenarbeit und Schwarzarbeit. Ohne sie würde vieles an gesellschaftlichem Reichtum (nicht: Bruttosozialprodukt) überhaupt nicht entstehen können. Aber Schwarzarbeit wird, abgesehen von den dehnungsfähigen Ausnahmen der Nachbarschaftshilfe auf Gegenseitigkeit, kriminalisiert, während im Sozialbereich die ehrenamtliche Tätigkeit aufgewertet wird. Es wäre perspektivisch interessanter, Eigenarbeit so aufzuwerten, daß positive Gratifikationen (nicht nur monetarisierbare) daraus zu ziehen sind.

## 11. Die Aufwertung der Subsistenztätigkeit

Möglicherweise gibt es durchaus interessante Perspektiven in der von den Ökonomen als vernachlässigenswerte Größe betrachteten Subsistenzwirtschaft und Eigenarbeit. Kaum als Hebel für die Transformation einer ganzen Gesellschaft, wohl aber als Komponente können sie eine Rolle spielen. Neue Sphären einer „Ökonomie des Genug" in inselhaften Lebensformen? In den USA sind es angeblich mehrere Millionen, die sich auf diese Weise eine relative Unabhängigkeit geschaffen haben. Natürlich kann man das nicht einfach auf Deutschland übertragen – aber darüber nachdenken darf man ja.

Von ein paar Hundert Quadratmetern Gartenland läßt sich bei intensiver Bewirtschaftung und Vorratshaltung der Gemüse- und Obstbedarf einer Familie decken. Die Klein-

155

gartenbewegung in Deutschland ist in ihrer Frühphase gekennzeichnet durch eine primär wirtschaftliche Ausrichtung, sekundär kommen dann Regenerations- und Regulationsfunktionen hinzu. „Besonders in Zeiten wirtschaftlicher Notlagen wuchs die Nachfrage immens". „In wirtschaftlich besseren Zeiten verlor das Kleingartenwesen seine vorrangige Bedeutung als Nahrungslieferant zugunsten multifunktionaler Belange."[28]

Isolde Dietrich berichtet aus der Zeit kurz vor dem Ende der DDR: „In der DDR bewirtschaften mehr als 50 % aller Haushalte einen eigenen Garten, meist einen Klein- oder Hausgarten. ... Und die Tendenz ist weiter steigend. In allen Sparten existieren lange Wartelisten von Interessenten an einer Parzelle." Durchaus unter Mißbilligung von Parteien und Gewerkschaften machten sich schon immer gerade die Arbeiter gern im Garten zu schaffen. „Statt in kollektiver Aktion Arbeitszeitverkürzung und Lohnerhöhung zu erkämpfen, verlängerten sie ihren Arbeitstag in der warmen Jahreszeit freiwillig auf faktisch 14 Stunden und setzten durch Selbstversorgung die Kosten ihrer Arbeitskraft herab. ... Statt sich eine Welt zu erobern, wurde um einen Kleingarten gekämpft."[29] Selbstversorgung und Rückzugsmöglichkeiten in die Laube bieten Elemente von Sicherheit – und der Sozialismus konnte nicht mehr, wie Isolde Dietrich vorschlug, prüfen, ob bei besserer Versorgung und freundlicheren Städten der Kleingarten überflüssig würde.

In ihrer Ökobilanz mögen solche Formen noch nicht einmal immer eindeutig überzeugend sein (denken wir an den Material- und Chemieaufwand der Kleingärtner) – aber man muß auch fragen: Was würden diese Menschen tun, wenn sie nicht in ihre Kleingärten gingen und keine beiläufige Produktion von Subsistenzelementen praktizierten? „Beiläufige" Produktivität liegt z.B. auch in dem aufwendigen Selbstreparieren und Herstellen von Gebrauchs- oder Luxusgütern.

In der Entwicklungspolitik wird als Hilfsmittel gegen die Erosion sozialer Ressourcen der „informelle Sektor" aufgewertet. Er steht in engem Zusammenhang mit der Eigenarbeit, aber informelle Tätigkeit ist in Marktproduktion oder Dienstleistung integriert, wenn auch unterhalb der gängigen Niveaus.[30]

Die aktuelle Politik freilich kann mit solchen Überlegungen nicht viel anfangen. Sie favorisiert oft gegenteilige Trends. Wie Armut und Elend durch die Zerstörung von Subsistenzformen produziert wird, hat Lutz Ribbe am Beispiel von Polen illustriert: Einem Land, in dem fast jeder Dritte in der kleinbäuerlichen (zudem relativ umweltfreundlichen) Landwirtschaft arbeitet, und das bei zwei Millionen Arbeitslosen gar keinen Bedarf an neuen freigesetzten Arbeitskräften hat, wird ein Programm der Modernisierung der Landwirtschaft oktroiert, das nur Agrar-Überschüsse und Arbeitslose schafft – für beide besteht keine Verwendung.[31] Statt zu modernisieren wäre es interessanter, soziale „Schwämme" zu schaffen, damit sogenannte „Unterbeschäftigte" ein würdiges Leben führen können. Ohnehin ist es, meint Dieter Groh, sinnvoller, „von Mußepräferenz statt von verdeckter Arbeitslosigkeit zu sprechen", wenn es um die Lebensweise von subsistenznahen Kulturen geht.[32]

## 12. Neue Lebensformen am Rande des Marktes

Major Tellheim aus Lessings „Minna von Barnhelm" zog sich einst auf seine Güter zurück, als ihm Staat und Politik zum Überdruß wurden. Uns steht diese Möglichkeit heute nicht mehr zur Verfügung.

Oder doch? Gibt es nicht Formen des selektiven Auskoppelns aus den Strukturen der Leistungsgesellschaft, die Leben in Qualität und Würde ermöglichen, ohne daß man zum Objekt der Arbeits- oder Sozialgesellschaft wird? Sind nicht für viele Personen Existenzsicherungen in Mischkalkulation zwischen Eigenkapital, verschiedenen Jobs, Transfermitteln privater und öffentlicher Art (Kindergeld, Wohngeld usf.) gang und gäbe und ermöglichen ein akzeptiertes Leben? Freilich müßte man, um mehr darüber sagen zu können, Mikro-Ökonomie und Perspektiven solcher Lebensformen einmal mit der gleichen Akribie untersuchen, mit der einst der Frankfurter Gottlieb Schnapper-Arndt die flexible Mikro-Ökonomie von marginalen Existenzen beschrieben hat.

Viele Berichte deuten darauf hin, daß in den neuen Bundesländern gerade in der Situation der Arbeitslosigkeit die dort ohnehin auch früher wichtigeren primären Bindungen (Familie und Verwandtschaft) aufgewertet werden als Stütze und Hilfe in kritischen Situationen und in Übergängen.

In den alten Bundesländern wird die Nebenerwerbslandwirtschaft in vielen Fällen nicht nur wider alle ökonomische Vernunft beibehalten, ihr wird zunehmend auch von der Politik aus ökologischen und anderen Gründen wieder mehr Aufmerksamkeit gewidmet.

Es gibt einige negative Aspekte dieser Prozesse: In Zerfallsgesellschaften spielen sie sich ebenfalls ab, und es gibt über die „Erosion des anerkannt Illegitimen"[33] zunächst dem Staat und der öffentlichen Hand, dann aber auch privaten Partnern gegenüber offene Flanken zur (dann bald auch einmal organisierten) Kriminalität. Aber man sollte nicht dramatisieren. In jeder Situation gibt es eine negative Variante. Sie wird von Intellektuellen gerne dramatisch hochgespielt, aber sie ist nur ein Aspekt einer komplexen dialektischen Beziehung, keine zwangsläufige Folge. Und sind gängigere Strukturen nicht auch gefahrenträchtig?

Es gibt auch positive Aspekte: Aus solchen neuen Lebensstilen der größeren Informalität heraus entstehen neue Vorstellungen über die Qualität des Lebens, die auf allgemeine Werthaltungen ausstrahlen. Hier entstehen z. B. auch jene neuen Ansprüche an Lebensqualität, die den sozialökologischen Umbau vorantreiben. Eine Neuorientierung des Arbeitsmarktes und eine Neuverteilung der Arbeit, nicht jenseits des Leistungsprinzips, aber unter seiner Relativierung, erscheint als äußerst vorteilhaft für zukunftsfähige Lebensweisen, bei denen Wachstum und Wohlbefinden stärker voneinander entkoppelt sind. Eine organologisch argumentierende Kulturtheorie mag darin die Altersweisheit von sich ihrem Ende zuneigenden Gesellschaften sehen – aber haben nicht gerade die überdauernden Formen auch solche Komponenten?

158

## 13. Sinn in der Arbeit?

Die Koppelung von Arbeit und Sinn erscheint in den aktuellen Diskussionen in mannigfacher Weise. Beide sind selbst in den hedonistischen Konzeptionen nicht voneinander zu trennen. Auch dies ist, so scheint es, perspektivisch nicht uninteressant.

Zum empirischen Befund gehört die Verteidigung von Arbeitsplätzen mit allen Mitteln – der Kampf der Kalibergleute von Bischofferode beherrschte den Sommer 1993. Hintergrund dieser Zähigkeit des Kampfes um Arbeit ist die Erfahrung, daß die materiellen Lebenschancen durch Erwerbsarbeit zugeteilt werden, aber es bleibt auch der Befund, daß trotz allem Hedonismus Freizeit und Arbeit gleichermaßen als Raum der Selbstbestätigung und Persönlichkeitsentfaltung wichtig sind.

Ohne Arbeit ist, so Ulf Fink, nach der christlichen Soziallehre kein sinnerfülltes Leben zu führen. Arbeitsbezogene Werthaltungen sind mehrdimensional, betont Wilpert, aber trotz verminderter Zentralität der Arbeit sind bei qualitativ höheren Ansprüchen an die Arbeitsinhalte nach wie vor Sinn und Arbeit gekoppelt. Koslowski arbeitet die subjektiven und objektiven Bedingungen für die Sinnhaftigkeit der Arbeit vor dem Hintergrund aktueller Soziopathologien heraus. Wenn das „gelungene" Leben für die Individuen Priorität besitzt, dann ist das ohne als sinnvoll empfundene Arbeit, mindestens „Tätigkeit", die nicht unbedingt Erwerbsarbeit sein muß, nicht denkbar (und dies prägt auf gleiche Weise wie die Priorität „Wohlfahrt der Bürger" anstelle von Wachstum in der Politik dies tut). Die Subjektivierung der Sinnfrage macht Individuen und Strukturen verletzbarer, meint Thomas Ziehe – aber bei E. U. v. Weizsäcker lassen sich auch die positiven Perspektiven erkennen, die damit verbunden sind, wenn individuelle Lebenspraxen flexibler werden und weniger auf selbstzweckhaftes Wachstum angewiesen sind.

Erwerbsarbeit ist immer noch ein Schlüsselelement der gesellschaftlichen Anerkennung und Selbstachtung. Friedhelm Hengsbach meint, ihm fehle die Phantasie, sich eine Gesellschaft auszumalen, in der die Erwerbsarbeit nicht die Schlüsselrolle hat. Gegenwärtig erlebe er nur, wie die Leute,

159

die nicht an der Erwerbsarbeit teilhaben, in ihrer Würde angeknabbert sind und teilhaben wollen – das wird bestätigt vom praktischen Umgang mit „freigesetzten" Managern wie mit der Klientel der Sozialarbeit. Wegen der subjektiven Wertigkeit des Arbeitens läßt sich zwar, meint Bernhard Wilpert, über die Flexibilisierung der Altersgrenze nach oben diskutieren, aber nicht, um die Ausnutzung der Arbeitskraft des „human capital" allein im Interesse des Betriebes zu intensivieren.

Zeitsouveränität und das Ertragen von Muße sind Chancen derjenigen, die arbeiten. Sie sind gebunden an erworbene soziale Fähigkeiten und verbreiteter bei denen, die Erwerbsarbeit betreiben.

Die Sinnhaftigkeit des Tuns ist nicht schon mit dem Beitrag zur gemeinsamen Wertschöpfung gegeben. Es gibt auch Produkte ohne nachvollziehbaren bzw. akzeptierten Sinn. Frank Niethammer von der Industrie- und Handelskammer Frankfurt am Main plädiert für das Recht auf Sinnhaftigkeit des Tuns in der Erwerbsarbeit. Zufriedenheit, Leistungsstolz, Persönlichkeit sind ähnlich wichtig wie der Spaß an der Sache. Die Befreiung der Arbeit von organisierter Unvernunft ist nicht nur im öffentlichen Dienst, sondern auch in den privaten Unternehmen nötig – mit jeweils differenzierten Ansprüchen.

Alexander Gauland meint, dieses Einfordern von Sinnhaftigkeit sei sehr gefährlich. Über die Sinnhaftigkeit des Produktes hätten nicht die Mitarbeiter zu entscheiden, sondern der Markt oder die staatlichen Rahmenbedingungen: Die Politik und nicht der Mitarbeiter müsse schädlich/unschädlich definieren, den Rest erledige der Markt. In einem solchen System freilich werden die Arbeitenden auf das Funktionieren reduziert und nicht als Partner bzw. als Subjekte akzeptiert. Für den Umgang mit „organisierter Unvernunft" fehlen so wichtige Korrektive.

Ein Unternehmensverständnis, das Sinn und Ethik einbezieht, ist vom Kulturellen her geprägt – immerhin ist es der Industrie von der Öffentlichkeit aufgezwungen worden durch entsprechende Diskussionen. To make money ist üblicherweise der primäre Zweck von Unternehmen, und oft genug gehen Manager auch kriminelle Wege, um ein Unternehmen am Leben zu erhalten. Nicht

Gewinnmaximierung, sondern Gewinnerzielung sei das Hauptziel, argumentiert Niethammer, und der Zwang zur Größe, nicht der zum Wachstum, resultiere oft aus menschlichen Schwächen – man wolle eben der Größte sein. Müßte man aber nicht, fragt die Bauunternehmerin Annette Winkler, statt dessen von Wertoptimierung reden? Zum Wert eines Unternehmens gehört für sie auch die Zufriedenheit der Mitarbeiter und das Verhalten des Unternehmens im Bereich von Ökologie und Gesellschaft schlechthin. Mitarbeiterförderung soll nicht nur dem ökonomischem Kalkül folgen, weil zufriedene Mitarbeiter besser arbeiten, sondern notfalls auch zu Lasten des Gewinns stattfinden.

Das klingt sehr schön, wird aber wohl nur bei entsprechendem Druck von Öffentlichkeit und Politik zur Praxis. Selbst die Instrumente der inneren Führung werden in den Unternmehmen viel zu wenig genutzt. Jemand aus der mittleren Führungsebene eines Unternehmens bekennt: Er hat sich vorgenommen, nur dann noch einmal zu einem Führungesseminar zu gehen, wenn seine eigenen Vorgesetzten ebenfalls teilnehmen.[34]

## 14. Die Chancen der Politik

Das Kulturelle in seinen Auswirkungen auf die Unternehmensethik, wie in seinem Einspruch gegen Sachzwänge von Wirtschaft und Produktion, wertet die Politik auf, indem es auf Spielräume aufmerksam macht. Aber wir haben keine „ideale Kommunikationsgesellschaft", und deswegen finden die Themen des gesellschaftlichen Diskurses keinen direkten Weg in die Politik. Und es fragt sich: Was kann denn die Politik überhaupt? Gestritten wird sowohl darüber, was die Kompetenzen der Politik sind (darf sie, was sie kann?), als auch um die Fähigkeiten der Politik (kann sie, was sie soll?).

Peter Koslowski protestiert in der Auseinandersetzung mit Wolfgang Thierse gegen die organologische Interpretation der Gesellschaft als beliebig gestaltbarer sozialer

Körper (wie sie nicht nur bei den Sozialisten, sondern auch bei Universalhistorikern wie Oswald Spengler oder Arnold Toynbee erscheint). Weder die Fähigkeiten noch die Kompetenzen der Politik reichen so weit.

Zunächst haben wir es mit einer Krise der Staatstätigkeit zu tun. Aufgrund der Wiedervereinigung und der auf uns zugekommenen Aufgaben haben, so Alexander Gauland, Staat und Kommunen schlichtweg nicht genügend Geld für die Beamten. Und man kann die Steuern nicht erhöhen, denn wir haben in Deutschland bereits die höchste Steuerlastquote.

Friedhelm Hengsbach legt Wert darauf, hohe Staatsverschuldung und Gerechtigkeitslücke nicht getrennt zu betrachten: Die Deregulierung führt zur Verschärfung der sozialen Probleme und damit zu steigenden Lasten. Besser wäre die rechtzeitige Inanspruchnahme derer, die aufgrund gesellschaftlicher Vorleistungen hohe Einkommen erzielen. Es gibt, meint er, keine natürliche Grenze der Staatsverschuldung, wenn wirklich Zukuftsinvestitionen damit vorgenommen werden.

Gegen das weitere Herausnehmen von Einkommenselementen aus der unmittelbaren Verfügung der Individuen durch Steuern hat Peter Koslowski freilich Bedenken. Wenn so die Individuen nicht mehr über ihr Einkommen verfügen können, dann ist dies für ihn ein ernstes Problem des Freiheitsverslustes. Deswegen ist er gegen steuerfinanzierte Grundsicherung und fragt: Mit welchem Recht kann der Staat zunehmende Bestandteile des Einkommens aus der Verfügung derer nehmen, die es verdient haben? So ähnlich müssen die ersten Steuerzahler argumentiert haben, weil ihnen nicht begreifbar war, daß sie zu ihrem Einkommen nur kommen, weil es Rahmenbedingungen und gesellschaftliche Vorleistungen des Staates gibt, die ihnen ihr „Verdienst" überhaupt erst sichern.

Aber in der Tat reichen die Kompetenzen der Politik nicht unendlich weit. Der Wertwandel, den manche fordern, könne nur begrenzt Aufgabe der Politik sein, meint Alexander Gauland. Es handele sich dabei vielmehr um Aufgaben der Gesellschaft. Negative Prozesse werden von ihm auf den Transzendenzverlust der Gesellschaft zurückgeführt, nicht auf Mängel der Politik – diese könne keine

162

geistige Führung leisten. Der Staat könne auch nicht für mehr Kinder sorgen. Aber, werfen andere ein, wohl aber gebe es Unterschiede in der Politik verschiedener Staaten bezüglich der Erleichterung des Umganges mit Kindern. Sind das nur traditionsbedingt andere Lebensauffassungen, die sich im Ansturm der Modernisierung ändern werden, oder hängt es auch mit staatlichen Infrastrukturleistungen zusammen? Immerhin: auch wenn es nur Traditionen sind, so modifizieren sie doch den Ansturm, zögern ihn hinaus, lassen Zeit gewinnen für neue Vorkehrungen.

Alexander Gauland ist enttäuscht, daß auch die Politiker nur kulturkritische Allgemeinheiten oder symbolisches Handeln liefern, und fordert konkrete Politik paradoxerweise von dem Mitglied der Opposition Wolfgang Thierse.


## 15. Der Markt kann nicht alles – aber mehr als man denkt

Frontal gegen das gesellschaftliche System anzugehen bringt heute keine Resonanz. Aber es gibt eine Menge innerer Widersprüche der Praxis, an die man anknüpfen kann, wenn man Zukunftsfähigkeit sichern oder wichtige sozialkulturelle Werte erhalten will.

Die Versuche zur Dynamisierung der Verhältnisse im Rahmen des Marktes knüpfen daran an. Ernst Ulrich von Weizsäcker freut sich über Kritiker, für die seine Vorschläge zur staatlichen Ermutigung einer Effizienzrevolution zu wenig weit gehen – heißt das doch für ihn im Klartext: Das was ich sage ist eigentlich doch ungeheuer zahm und systemkonform. Es muß denjenigen, die immer noch glauben, daß das, was ich vorschlage, revolutionär sei, gesagt werden: Das ist systemkonform. Ich möchte, daß sich politische Mehrheiten dafür finden. Es ist ein Mindestprogramm. Sehr schwer kann man argumentieren, es sei zu viel, leicht aber läßt sich sagen: Es ist nicht genug.

Für E.U. v. Weizsäcker sind die aktuellen sozialen Probleme nicht durch Umverteilung zu lösen. Noch nie, meint er, hat es eine dauerhafte Umverteilung von Reichtum von unten nach oben gegeben – realistischer ist es, daß man dasjenige am Reichtum, was wirklich andere Leute ärmer macht, nämlich die Zerstörung der Lebensgrundlagen und der Natur, langsam so teuer macht, daß der Reichtum sich wenigstens umweltverträglich ausleben wird. Dann sind die Wohlstandszuwächse, die durch die Effizienzrevolution den Ärmeren zugute kommen, viel größer als bei einer Umverteilung.

Restriktive Umweltpolitik bedeutet Umweltpolitik als Arbeitsplatzkiller, und das wäre heute ein politisches Selbstmordprogramm. Barrikaden helfen auch nicht weiter. Solange wir noch eine realistische Chance haben, die Innovationskraft und die Wucht derer, die das Geschehen weitgehend bestimmen, umzulenken in Richtung auf eine Effizenzrevolution, solange muß man diese Chance ergreifen. Dazu muß man das ökonomische Anreizsystem verändern. Denn der Grund, weswegen es gegenwärtig so wenig Bundesgenossen für eine solche Politik gibt, liegt doch darin, daß die hart rechnenden Manager gar nicht anders können als uns immer weiter in den Ruin zu treiben – sie würden sonst betriebswirtschaftlich falsch handeln. Man muß diese tragische Situation auflösen durch eine Veränderung der Rahmenbedingungen: Substitution von energieintensiven durch energiesparsame Prozesse, aufkommensneutrale ökologische Steuerreform, Rücknahme der Zentralisierung, mehr Fertigungstiefe sind die Stichworte.

Bei der gegenwärtigen Wirtschaftslage wird, meint Weizsäcker, die Wucht der Rationalisierungswelle (deren Exponenten Gestalten wie Ignazio López sind) nicht mehr lange andauern. Die Verlagerung auf Dienstleistungen im amerikanischen Sinne wird nicht schnell genug stattfinden können und ist vielleicht ohnehin auch ein Luftballon. Es gibt außer der Effizenzrevolution keine konjunktur-politische Maßnahme anderer Natur, die diesen Trend ursächlich brechen könnte. Nötig ist ein neuer, tragfähiger Konsens für eine Effizenzrevolution als notwendige, wenn auch nicht hinreichende Voraussetzung, daß wieder neu investiert wird – freilich macht es nur Sinn, wenn dies nicht mehr Wachstum als Selbstzweck zum Ziel hat, sondern den sozialökologischen Umbau.

164

Kaum wird Ungarn oder ein anderes Land des Ostblocks dabei impulsgebend sein können, meint E. U. v. Weizsäcker. Vereinzelte Technologien wie Amory Lovins' „Sparglühlampe" helfen nicht viel weiter, weil die ganze Infrastruktur, das komplexe Management und die technologische Vorentwicklung dazu fehlen. Der Umbau ist eine so gigantische Aufgabe, daß von den Ländern im Übergang keine Vorreiterrolle erwartet werden kann. Dort, wo der Faktor Arbeit nichts kostet, ist es betriebswirtschaftlich nicht lohnend, die Energieeffizienz auszureizen.

Nötig ist es, eine breite Bevölkerungsstimmung für die Effizienzrevolution zu erzeugen, von deren Stabilität und Zuverlässigkeit auch die Wirtschaft so überzeugt ist, daß sie sich darauf einstellt. Man muß die Plausibilität des Gedankengutes so verbreiten, daß es schließlich nur noch um die Frage geht: Wer ist der größte Opportunist? Dann wird die Effizienzrevolution ein kulturelles Ereignis, bei dem man dann nicht mehr nach den Autoren oder der Initialzündung fragt.

Konkurrenz läßt sich nicht verhindern, aber ruinöser Wettbewerb von Unternehmen kann vermindert werden, u.a. durch die Erhöhung der Transportkosten. Ein Teil des Erfolgs des Automobilmanagers López liegt ja darin, daß heute der Transport nichts kostet. In dem Moment, wo der Transport wieder deutlich teurer ist, wird z.B. auch eine höhere Fertigungstiefe betriebswirtschaftlich wieder interessant.

Für die „Dritte Welt" sind die Wirkungen einer Effizienzrevolution erst langfristig positiv: Für die Saudis oder für Chile ist es zunächst höchst unangenehm, wenn wir für Öl oder Kupfer bei uns die Steuern erhöhen. Aber Eduardo Galeano hat schon in den 70ern betont: Die internationale Arbeitsteilung besteht darin, daß einige sich darauf spezialisiert haben, zu gewinnen und andere, zu verlieren. Gewinner sind immer die mit hohem Mehrwert, Verlierer die Rohstoffverkäufer. Das bedeutet den Ruin der Entwicklungsländer. Wenn es stimmt, daß wir im Norden durch die vorgeschlagenen Veränderungen reicher und nicht ärmer werden, dann haben wir schließlich Kaufkraft auf dem Weltmarkt, mit der wir Höherwertigeres als Rohstoffe einkaufen können, und dies wäre erstmals eine Chance für wirkliche Entwicklung, so E. U. v. Weizsäcker.

## 16. Besitzstände und ökologischer Umbau

Thomas Schmid hört immer wieder auch von seinen ökologischen Freunden: Wir haben ein Lebensmodell, das nicht verallgemeinerungsfähig ist, deswegen ist es inhuman und muß drastisch verändert werden. Das mag sein, aber wer das sagt, meint Schmid, muß auch aussprechen, daß dies eine ungeheuerliche Revolution im Sinne von Reduktion und Rückführung von Bedürfnisbefriedigung hier bei uns bedeutet. Man wird sich anlegen müssen mit allen möglichen Fraktionen, die hier Besitzstände zu verteidigen haben. Ernst Ulrich von Weizsäcker richtet seine ökologische Strategie der Effizienzrevolution darauf aus, genau diesen Eindruck zu vermeiden. Sie kann so ausgelegt werden, daß sie mit Gewinnen an Lebensqualität verbunden und nicht als Verzicht empfunden wird (bei der Diskussion um sozial- und umweltverträglichen Tourismus wird seit Jahren ähnlich argumentiert). Eine sinnvollere Verteilung von Arbeit und der Weg weg von der Arbeitsgesellschaft ist zwar auch ein Weg hin zu einer etwas deregulierteren Gesellschaft, die nicht so sehr auf bevormundender Sicherheit beruht, aber dies kann positiv mit Lebensqualitäts-Zuwächsen verbunden sein.

Ähnlich wie Ernst Ulrich von Weizsäcker suchen auch andere nach Wegen, den sozialkulturellen Umbau positiv an Zugewinne an Lebensqualität zu koppeln. Der nach US-amerikanischem Vorbild gegründete Europäische Rat für energieeffiziente Ökonomie (ECEEE) setzt, wie Amory Lovins in den USA, auf technischen Fortschritt und administrative Maßnahmen, muß dabei freilich der Gefahr begegnen, daß durch das erhebliche technische Sparpotential den wünschenswerten Verhaltensänderungen aus Gründen einer Umweltmoral der Boden entzogen wird. Zusätzlich setzt man daher darauf, daß Verhaltensänderungen „nicht aus moralischen Gründen der Selbstbeschränkung, sondern durch ein neues Leitbild von Wohlstand für die Menschen attraktiv werden." 35

Unter den üblichen Bedingungen scheint es fast unmöglich, die Menschen auf Wohlstandsverzichte und -einbußen vorzubereiten. Wenn aber die notwendigen Ver-

166

änderungen als positive Zugewinne an Lebensqualität erkannt werden, dann haben sie dank der kulturellen Schubkraft von neuen Ansprüchen an Wertorientierungen und Lebensqualität durchaus Chancen.

## 17. Perspektiven

Politiker, besonders solche der jeweiligen Opposition, reagieren auf Krisen gern mit programmatischen Forderungen nach dem Muster „man muß", „man sollte". Interessanter als Programme aufzustellen ist es aber vielleicht, reale Prozesse zu analysieren, in denen Keime von positiven neuen Möglichkeiten erkennbar werden. Die Politik braucht deswegen nicht unterschätzt zu werden, aber gerade in jüngerer Zeit lenken auch die Soziologen die Aufmerksamkeit gerne auf Prozesse, in denen durch die Veränderung individueller Verhaltensweisen neue politische Rahmenbedingungen enstehen: Wenn z. B. immer mehr Menschen sich aufgrund der „biographischen Opportunitätskosten" entscheiden, kinderlos und als Single zu leben, dann werden so Fakten geschaffen, denen die Politik sich zu stellen hat.

Im Kontext der bisherigen Überlegungen fiel auf, wie kulturelle Werte und Normen ökonomische „Sachzwänge" relativieren und z.B. die direkte Übertragung fremder Vorbilder in das eigene ökonomische System verhindern und für die Absicherung von sozialkulturellen Standards sorgen. Ferner wurde erkennbar, wie aktuelle Ansprüche an Lebensqualität und Sinn ausstrahlen auf die Arbeitswelt. Vielleicht spielen sich heute in unserem Alltag Prozesse ab, die wichtiger und folgenreicher als Programme sind.

Ausgangspunkt dieser Überlegungen war die Frage nach neuen Sinn-Orientierungen in einer Gesellschaft, in der das Arbeitsvolumen unter den Bedingungen der herrschenden Eigentums-, Wirtschafts- und Wertordnung nicht mehr so verteilt wird, daß „Vollbeschäftigung" in der gewohnten Weise herrscht. In dieser Situation müssen die Menschen und ihre Institutionen in der Arbeitsgesellschaft ihr Selbstverständnis und ihre Praxis so verändern, daß eine überzeugende Perspektive ensteht.

In der Ideengeschichte der Arbeit spielen Hegel und Marx mit ihrer Überbetonung der Arbeit eine Rolle (Linda Reisch hat darauf hingewiesen), aber, so Koslowski, in der Postmoderne scheint die hellenistische Tradition der Mußepräferenz wichtiger geworden zu sein. Freilich wird dies schon wieder relativiert durch gleichzeitig arbeits- und freizeitbezogene Wertorientierungen, wie sie Wilpert und Hengsbach beobachtet haben und wie sie in dem von Linda Reisch zitierten „zivilisatorischen Minimum" enthalten sind.

Gelegentlich lohnt ein Blick in die „Tiefe des historischen Raumes", um die eigenen Selbstverständlichkeiten zu relativieren. Dieter Groh hat in der Tradition der ökonomischen Anthropologie formuliert, wie Wildbeuter („Jäger und Sammler") und andere vormarktwirtschaftliche Subsistenzwirtschaften und ihre Gesellschaften in ihrer sozialkulturellen Logik die Arbeit, den Sinn und die Muße verbinden mit einer Existenzweise, die durch Risiko-minimierung das Überleben der Gruppe über lange Zeit hinweg sichert.

„Wenn Menschen nur das besitzen, was sie leichtfüßig über längere Strecken mit sich tragen können, also ihre zum Jagen und Sammeln notwendigsten Gerätschaften, dann müssen sie nicht arm sein, obwohl sie nach unseren Maßstäben am Rande äußerster Armut leben: Sie besitzen nämlich nur sehr wenige Gegenstände. Nach ihren eigenen Maßstäben leben sie allerdings im Überfluß..."[36] Mit wenigen Stunden Arbeit erwerben sie das, was sie brauchen, und den Rest der Zeit verwenden sie anders: Statt Arbeits- und Wachstumszwang praktizieren sie Mußepräferenz, interpretiert Dieter Groh. Die Wildbeuter haben für ihre Mußezeit viele Rituale und Kulte, und man könnte ihre Kultur auch interpretieren als eine Kultur, die unter Ritualzwang steht. Ihre Nichtausgelastetheit durch Arbeit müssen sie durch Rituale so auspolstern, daß ein Zeitgerüst und Zeitsystem entsteht, mit dem diese Lebensweise bewältigbar wird. Zwischen diesen Polen läge es, wenn man von fließenden Übergängen zwischen Mußepräferenz und Ritualzwang redete.

168

Verbunden mit dieser Lebensweise ist im Effekt eine Risikominimierung durch Unterproduktivität: Diese Gesellschaften sichern ihre Elastizität durch die begrenzte Nutzung der Ressourcen. Die spezifischen Vorstellungen vom „guten und richtigen Leben" beinhalten das „Kalkül bestimmter Nutzungsarten der Umwelt im Sinne der Ausschaltung existenzbedrohender Risiken für Gruppe, Stamm oder Dorf in einer Lebensform, in der es keine übergreifende Daseinsfürsorge ... gibt".[37] Gesellschaften wie die unsrige, die nicht mehr ohne permanentes Wachstum existieren können, sind nach dieser Interpretation Opfer von „hierarchischen Pathologien".[38]

Gesellschaften können soziokulturelle Präferenzen auch gegen ökonomische Zwänge setzen – die Japaner würden sich ihr Kirschblütenfest vermutlich durch ökonomische Sachzwänge zuallerletzt austreiben lassen. Für uns ist das freie Wochenende ein ähnlich wichtiger Standard. Es gehört zur Substanz der Kultur und wird deswegen gegen ökonomische Sachzwänge verteidigt, genauso wie die Banker ihre „Fühlungsvorteile" in Frankfurt wahrnehmen.

Wenn heute die Sicherung eines zukunftfähigen und angenehmen Lebens mit weniger Arbeit möglich ist, dann werden nicht nur einschneidende Veränderungen notwendig, sondern auch positive Perspektiven möglich. Für die übrige Zeit werden neue ungeahnte Möglichkeiten eröffnet – für Kultur, Kulte und was sonst? Oder für Arbeitszwang statt Mußepräferenz?

Nach Wegen zur Verwirklichung einer solchen nicht nur um die Arbeit zentrierten Gesellschaft suchen viele Menschen in der „Arbeitsgesellschaft". Vielleicht liegt die Chance dazu nicht in der blutleeren Vision von der „Freizeitgesellschaft", über die seit den 60er Jahren diskutiert wird, sondern in den neuen Ansprüchen an Sinn und Lebensqualität in der Arbeit und außerhalb von ihr. Und vielleicht müssen wir uns neu Gedanken darüber machen, daß die Umsetzung nicht allein von Politik und Programmen abhängt, sondern in hohem Maße auch von den Prioritäten, die jeder einzelne lebt.

169

*Anmerkungen*

1 Hobsbawm, Eric: Zur aktuellen Verunsicherung Europas: Die Wiederkehr der Krise. In: Das verunsicherte Europa. Frankfurt/M. 1992, 20–31, 26.

2 Vgl. z.B. Her mit dem ganzen Leben. Argumente für die 35-Stundenwoche. Marburg/Lahn 1984, und Negt, Oskar: Lebendige Arbeit, enteignete Zeit: Politische und kulturelle Dimensionen des Kampfes um die Arbeitszeit. Frankfurt a.M./New York 1984.

3 Aus ihren Diskussionen stammen die folgenden einzelnen Personen zugeordneten Argumente dann, wenn keine besondere Quelle angegeben ist – als Bestandteile einer lebendigen Diskussion sind sie nur begrenzt zitierfähig.

4 Vgl. Frankfurter Rundschau D-Ausg. v. 27. März 1993.

5 Vgl. Frankfurter Rundschau D-Ausg. v. 19. Juli 1993.

6 Hayek, Friedrich August von: Die Verfassung der Freiheit. Tübingen 1971, 52/53.

7 Zum Anspruch der IG Metall, offensiv an den notwendigen neuen Gestaltungen mitzuwirken, vgl. Riester, Walter: Mut zum Anstoß. Ein Gespräch mit Walter Riester . In: Die Zeit Nr. 25 v. 18. Juni 1993, 23.

8 Eisenbahnen für Arbeitsplätze. In: fairkehr 3/1993, 3.

9 Kurz-Scherf, Ingrid: Solidarische Tarif-Politik. In: Express 12/1992, 4–5.

10 Vgl. auch die Ideen zur Flexibilisierung durch das „Ansammeln von Zeitkontingenten" im Diskussionspapier der ÖTV zur Arbeitszeitverkürzung von 1992, ötv-magazin 9/1992.

11 Müller, Christa: Wenn fünf Millionen Menschen eine Beschäftigung suchen … Plädoyer für die Institutionalisierung eines dauerhaften zweiten Arbeitsmarkes. In: Frankfurter Rundschau D-Ausg. v. 9. /10. Juni 1993, 15 Dok.

12 Vgl. Knauf, Jutta: Jacob's Ladder. Einfluß der Religion auf das Alltagsleben einer Old Amisch-Gemeinde in Ohio/USA. Frankfurt/M. 1993 (Kulturanthropologie-Notizen; 42).

13 Vgl. auch Miegel, Meinhard: Wirtschafts- und arbeitskulturelle Unterschiede in Deutschland. Zur Wirkung außerökonomischer Faktoren auf die Beschäftigung. Gütersloh 1991.

14 Vgl. Gellner, Ernest: Nationalismus und Moderne. Berlin 1991.

15 Vgl. Nethöfel, Wolfgang: „Ich bin Arbeiter – wer ist weniger?" In: Frankfurter Rundschau D-Ausg. v. 9. Juli 1993, 10 Dok., und Thierse, Wolfgang: Wider die Atmosphäre des Hinter-

herrennens und der Unterwerfung. In: Frankfurter Rundschau D-Ausg. v. 27. Februar 1991, 30 Dok.

16 Hanke, Thomas: Flucht vor dem Fiskus. In: Die Zeit v. 25. Juni 1993, 17.

17 Vgl. zur „Mißbrauchsdebatte" auch Biedenkopf, Kurt H.: Verstaatlichung der Nächstenliebe. In: Die Zeit Nr. 23 v. 4. Juni 1993, 22, und: Ziller, Peter: Das Lied vom Mißbrauch – Für Bonn die richtige Begleitmusik beim Sparen. In: Frankfurter Rundschau D-Ausg. v. 10. Juli 1993, 9.

18 Maucher, Helmut: Unter Druck reagieren die Menschen. In: Der Standard (Wien) v. 23. Juni 1993, 16.

19 Vgl. Huster, Ernst-Ulrich (Hg. ): Reichtum in Deutschland. Der diskrete Charme der sozialen Distanz. Frankfurt/M. 1993.

20 Aus einer Rez. dieses Buches von Uwe Jean Heuser, Die Zeit v. 18. 6. 1993.

21 Vgl. Bäcker, Gerhard: Solidarität als knappes Gut. In: Blätter für deutsche und internationale Politik 1993 H. 7, 828–843.

22 Vgl. Horstkötter, Elisabeth: Umbau oder Anfang vom Ende des Sozialstaats? In: Blätter für deutsche und internationale Politik 1993 H. 8, 926–933.

23 Hausmann, Bernd: Leere Kassen in Frankfurt – Speckgürtel in der Region. In: Frankfurter Rundschau D-Ausg. v. 21. Juli 1993, 12 Dok.

24 Vgl. z.B. Skarpelis-Sperk, Sigrid: Die demographische Zeitenwende fordert eine radikal neue Politik. In: Frankfurter Rundschau D-Ausg. v. 22. April 1993, 13 Dok.

25 Vgl. auch Fink, Ulf: Die neue Kultur des Helfens. München 1993.

26 Dettling, Warnfried: Solidarität – neu buchstabiert. In: Die Zeit Nr. 10 v. 5. März 1993, 7.

27 Berthaud, Gérald: Markt. In: Sachs, Wolfgang (Hg. ): Wie im Westen, so auf Erden. Ein polemisches Handbuch zur Entwicklungspolitik. Reinbek bei Hamburg 1993, 242.

28 Matthäi, Ingrid: „'Grüne Inseln' in der Großstadt. Marburg/L. 1989, 251.

29 Dietrich, Isolde: Erfahrungen mit der Ausstellung „Parzelle, Laube, Kolonie – Kleingärten zwischen 1880 und 1930". In: Mitteilungen aus der kulturwissenschaftlichen Forschung 27/1989, 89–100, 89 und 95.

30 Vgl. den Abschnitt „Informeller Sektor und gesellschaftliche Entwicklung" in Blum, Volkmar (Hg. ): Globale Vergesellschaftung und lokale Kulturen. Frankfurt/M. 1992, 88ff., und de Soto, rez. in Kommune 4/1993, 41, sowie: Simone,

Abdou Maliqalim: Arm, lebendig, subversiv. Die vielfältigen Überlebenskühste afrikanischer Stadtbewohner. In: Der Überblick 2/1993, 69–73.

31 Ribbe, Lutz: Polnisches Bauernopfer. In: Die Zeit v. 25. Juli 1993.

32 Groh, Dieter: Anthropologische Dimensionen der Geschichte. Frankfurt/M. 1992, 78.

33 Altvater, Elmar: Die Zukunft des Marktes. Münster 1991, 350 und 84/85.

34 Zur aktuellen Diskussion um „sinnhafte" Arbeitsorganisaion vgl. Schumann, Michael: „Wie oft muß das Rad erfunden werden, damit der Wagen läuft?" Zur Entwicklung und Wiederentdeckung von Gruppenarbeit und neuen Produktionskonzepten. In: Frankfurter Rundschau D-Ausg. v. 6. Juli 1993, 12 Dok., und Sandberg, Ake: Führt die luxuriöse Abweichung vom klassischen Weg in die Irre? Warum Volvo seine in der Arbeitswelt vorbildlichen Werke in Kalmar und Uddevalla schließt. In: Frankfurter Rundschau D-Ausg. v. 29. April 1993, 11 Dok.

35 Holzapfel, Helmut: Statt verkniffener Umweltmoral eine neue Art Wohlstand. In: Frankfurter Rundschau D-Ausg. v. 29. 6. 1993.

36 Groh, Dieter: Anthropologische Dimensionen der Geschichte. Frankfurt/M. 1992, 61.

37 Groh a. a. O. 62.

38 Groh a. a. O. 72, einen Begriff von K.V. Flannary benutzend.

HILMAR HOFFMANN
# Zukunft braucht Diskurs

Kultur ist nicht nur, wie der ganze Mensch lebt und arbeitet, sondern auch, wie wir leben wollen. So lautete in den 80er Jahren ein Slogan, mit dem gerne das Kulturverständnis zugespitzt auf den Begriff gebracht wurde. Heute sind wir in der Bundesrepublik in einer Situation, in der in weiten Bereichen darüber neu darüber nachgedacht werden muß, wie wir in Zukunft leben wollen. Die Krise der Arbeitsgesellschaft, über die in diesem Band diskutiert wird, ist nur ein Beispiel dafür. Für solche Verständigungen darüber, wie wir leben wollen, braucht es Diskurs-Institutionen.

Das vorliegende Buch ist die Dokumentation der zwanzigsten Römerberggespräche. „Öffentliche Expertengespräche zu Themen von besonderer kultur- und gesellschaftspolitischer Aktualität" sollten, so die erste Einladung von 1973, die Frankfurter Römerberggespräche sein, und sie sollten „der kritischen Information durch Analysen und Streitgespräche unter Beteiligung der interessierten Öffentlichkeit" dienen. Was auf Anregung von Maria Christiana Leven (die noch heute die Geschäftsführerin ist) und Heinz Willi Wirth 1973 ins Leben gerufen wurde, war eine Institution des Diskurses und der diskursiven Öffentlichkeit, lange bevor diese Begriffe in aller Munde waren.

Die Stadt Frankfurt am Main leistete es sich, ein unabhängiges und sich selbst durch Kooptation ergänzendes Kuratorium von kreativen und im öffentlichen Leben wirkenden Menschen unterschiedlicher Art zu bitten, diese Veranstaltungen auszurichten. Einige, wie Erhard Denninger, Iring Fetscher, Hans-Jürgen Hellwig und ich, waren von der ersten Stunde an Mitglieder des Kuratoriums, andere sind hinzugekommen, einige ausgeschieden.

Das Risiko des vom Stadteinfluß freien Kuratoriums hat sich gelohnt: Gelegentlich als Altherrenclub apostrophiert, aber immer sich erneuernd, hat das Kuratorium es fertiggebracht, aktuelle, manchmal auch (wie im Fall der

Historikerdebatte) trendsetzende Themen aufzugreifen und qualifiziert abhandeln zu lassen.

Zu den Charakteristika der Gespräche gehörte es von Anfang an, daß Künstler, Politiker und Wissenschaftler miteinander ins Gespräch gebracht wurden: Die verschiedenen Sphären des Gesellschaftlichen sollten nicht getrennt voneinander agieren, sondern sich gegenseitig wahrnehmen und sich aufeinander beziehen. Die gegensätzlichen, oft extrem divergierenden Positionen sollten nicht miteinander versöhnt werden, sondern das Publikum sollte in der Diskussion Alternativen in Politik und Denken erkennen können.

Mir scheint gerade dieser Aspekt auch heute noch besonders wichtig. Vor zwanzig Jahren war es eher so, daß eine unüberbrückbare Kluft zwischen Intellektuellen und Politikern bestand, die sich in unkonventionellen Formen des Agierens niederschlug. Später versuchte die Politik intensiv, Künstler und Intellektuelle in ein strukturkonservatives, in seinen Perspektiven immer fragwürdiger werdendes technokratisches Modernisierungsprogramm einzubinden. Heute könnten Künstler und Intellektuelle eine immer unglaubwürdiger gewordene Politik zwingen, die Versprechungen und Chancen einer Zivilgesellschaft endlich wahrzunehmen und weiterzuentwickeln. In einer Situation, in der viele Intellektuelle ihren Frieden mit der Gesellschaft zu machen bereit sind, bietet die Politik ihnen ausgesprochen ungünstige Bedingungen, auch mit der Staatlichkeit zurechtzukommen. Daraus könnten sich in Zukunft wieder Gräben entwickeln, die zu überqueren umso schwieriger wird, je weniger Brücken von den kritischen Intellektuellen zu jenen führen, die ihr Unbehagen an der Gesellschaft mit ganz anderen Mitteln als denen der Kritik artikulieren. Eine für die Nachkriegszeit neue Konstellation ist entstanden, die dann fatal wird, wenn die Politik, wie erkennbar, in opportunistischer Weise Stimmungen nachgibt statt sich dem Diskurs zu stellen. Oskar Negt hat von einer „Erosionskrise gewohnter Weltanschauungen" gesprochen und in Diskussionen mit den Angehörigen der „sogenannten politischen Klasse" eine kaum glaubliche Empfindungslosigkeit im „Zuhören, in der Nichtwahrnehmung von Problemen" konstatiert. „Diese politische Klasse ist nicht imstande, die Erosionskrise ohne

174

eine Gefährdung der Demokratie zu bewältigen. Sie ist einem klar definierten und zur Gewalt entschlossenen rechten Spektrum einfach nicht gewachsen."[1]

Rückblickend ist es eindrucksvoll zu sehen, wie das Klima der Römerberggespräche sich verändert hat – und diesbezüglich können sie auch als sensibler Indikator für Zeitströmungen in Anspruch genommen werden.

Das erste Gespräch mit dem Thema „Kann die Stadt im Kapitalismus noch bewohnbar gemacht werden?" war dem Betondschungel der Großstädte gewidmet. Der damalige Oberbürgermeister Rudi Arndt hatte 1973 Schwierigkeiten, überhaupt zu Wort zu kommen. Demonstrierende Studenten verstanden damals unter Diskurs eine Form, die sich auch anderer Mittel als dem verbalen Austausch bedient. Später fanden vor dem Römer zu Beginn der Veranstaltung auch andere nonverbale symbolische Aktionen statt – so 1982, als beim Thema „Diskriminierung" die Frauen von der Interessengemeinschaft der mit Ausländern verheirateten Frauen in der Tracht von Schwälmer Bäuerinnen für Toleranz plädierten.

Zu den erstaunlichsten Erfahrungen zählt für mich, daß diese Gespräche im Laufe der Jahre immer nachdenklicher wurden. Statt vorschneller Parteinahmen und der Wiedergabe vorgefertigter Positionen wurde in den Zeiten der „neuen Unübersichtlichkeit" immer stärker das Zuhören eine gern geübte Praxis. Es war nicht mehr kalkulierbar, was die Repräsentanten unterschiedlicher politischer und wissenschaftlicher Richtungen sagen würden. Damit setzte sich jenes Prinzip durch, das eigentlich von Anfang an das wichtigste sein sollte – sich wechselseitig ernst zu nehmen und in einer Sphäre kultureller Öffentlichkeit die Geschicke von Staat, Stadt und Gesellschaft abzuhandeln und der Menschen Bestes zu suchen.

So leisteten die Römerberggespräche auch einen praktischen Beitrag zu dem, was sie symbolisch durch ihre bevorzugte Präsenz im Plenarsaal des Römers dokumentierten: Urbanität herstellen. Sie waren Teil des Dialoges der Menschen in dieser Stadt über ihr Selbstverständnis und ihre Zukunftsvorstellungen.

Das ist mir das wichtigste bis heute: Eine kulturelle Öffentlichkeit herzustellen, in der Diskussionsmöglichkeiten bestehen und Orientierungsbedarf gedeckt werden kann, und in der sich verschiedene Bereiche gegenseitig auf akzeptierte Weise voneinander herausgefordert fühlen können.

Selbstverständlich war es unser Ehrgeiz, bei den Gesprächen immer wieder viel intellektuelle und politische Prominenz zu versammeln – weniger weil diese Personen berühmt waren, sondern weil sie etwas mitzuteilen hatten, ohne sich wie sonst meistens mit ihrer Meinung hinter institutioneller Deckung zu veschanzen: Politiker vom Range eines Willy Brandt, Kurt H. Biedenkopf, Richard von Weizsäcker, Rita Süssmuth, Jens Reich; Wissenschaftler wie Jürgen Habermas, Alexander Mitscherlich, Richard Sennett; Schriftsteller wie Erich Fried, György Konrád, Jórge Semprún, Eva Demski, Hans Magnus Enzensberger oder Filmemacher wie Rainer Werner Fassbinder, Werner Herzog, Alexander Kluge, Volker Schlöndorff: Sie alle haben es in ihren jeweiligen Metiers und Medien auf je individuelle Weise unternommen, die Pathologien unserer Lebenswelten sichtbar zu machen, um Alternativen dazu zu entwickeln. Am intensivsten haben sie vielleicht bei der Historikerdebatte wichtige Themen wirkungsvoll an die Öffentlichkeit gebracht. Die Presseresonanz war in den meisten Fällen beachtlich, und bisher sind zehn interessante Publikationen aus den Gesprächen hervorgegangen. Das alles war die notwendige Begleitmusik zu dem, was der innere Kern dieser Gespräche ist: Öffentlichkeit herzustellen, der gegenüber sich auch die Politik verantworten muß.

Das Thema „Arbeit ohne Sinn? Sinn ohne Arbeit" berührt uns seit der Vereinigungs-Arbeitslosigkeit in besonderer Weise. Wir brauchen Anstöße und Anregungen für eine Neugestaltung der Arbeitsmarktpolitik, die dem obersten Verfassungsgebot Rechnung tragen, das da lautet: Die Würde des Menschen ist unantastbar. Sie darf weder durch sinnlose Arbeit, noch durch das Vorenthalten der Sinnfindung durch anerkannte Arbeit beeinträchtigt werden.

Leicht vorstellbar, besonders auch wenn wir unseren eigenen Alltag etwas relativieren, sind Lebensformen mit einer angemesseneren Verteilung von Muße und Arbeit, einem anderen Mischungsverhältnis von Sinn, Lebensgenuß und Notwendigkeit. Es lohnt sich, eine Menge von Phantasie dafür aufzubringen, wenn denn selbst bei hohem Wirt-

176

schaftswachstum eine Rückkehr zur Vollbeschäftigung nicht möglich ist. Kulturarbeit und Kulturindustrie allein werden nicht ausreichen, so wichtig sie auch sind. Angesagt sind neue Werthaltungen und damit neue Ansprüche an Lebensqualität.

Mit Recht wird häufig problematisiert, was wir uns als Bild des Fortschrittes gemalt haben, und was doch so wenig den Wünschen nach ein bißchen Lebensglück gerecht wird. Der Mexikaner José María Sbert setzt Weisheit der Wissenschaft gegenüber wieder in ihr Recht: „Das neue Zentralgestirn von Fortschritt und Modernität ließ nicht nur die Vorstellungen von Schicksal, Bestimmung und Vorsehung im Dunkel verschwinden, auch die Bedeutung der Weisheit als einer existentiellen kulturellen Erfahrung schwand."[2] Die Wertbilanz des Marktes steht in krassem Gegensatz zum „wahrhaft weltlichen Lebensziel" des Predigers Salomo (9,7; 9,9): „So gehe denn hin und iß dein Brot mit Freuden, trink deinen Wein mit gutem Mut, denn dein Werk gefällt Gott ... Brauche das Leben, mit deinem Weibe, das du liebhast, solange du das eitle Leben hast, das dir Gott unter der Sonne gegeben hat ... denn das ist dein Teil im Leben."

Diese Rückbesinnung gefällt mir, das ist eine Vorstellung von einem gutem Leben, das auch ohne Wachstumszwang auskommt. Läßt sich Politik nicht dazu bringen, in einer Wohlstandsgesellschaft wie der unseren (und wir sind es vergleichsweise immer noch) die Weichen in dieser Richtung zu stellen?

Aber wir merken immer wieder: Politik tut das, wozu möglichst viele und einflußreiche Menschen sie drängen und befähigen. Sie ist abhängig vom Klima, in dem sie entsteht. Dazu gehören aber auch Anregungen und Herausforderungen. Und Gespräche. Deshalb sind und bleiben Veranstaltungen wie die Römerberggespräche wichtig.

*Anmerkungen*

1  „Es ist eine Dämmerungsstimmung in der Kultur". Ein Gespräch mit Oskar Negt. In: Frankfurter Rundschau D-Ausg. v. 9. Februar 1993.

2  Sbert, José María: Fortschritt. In: Sachs, Wolfgang: Wie im Westen, so auf Erden. Reinbek bei Hamburg 1993, 122–144, 135.

*Fink, Ulf:* 1942 geboren, Diplom-Volkswirt. Seit 1970 in verschiedenen Funktionen bei der CDU/CSU-Bundestags-fraktion, 1981-89 Senator für Gesundheit und Soziales in Berlin, 1987-1993 Bundesvorsitzender der Christlich-Demokratischen Arbeitnehmerschaft Deutschlands, seit 1990 stellv. Vorsitzender des DGB, seit 1991 Landesvor-sitzender der CDU in Brandenburg. Veröffentlichungen zur Gesundheits- und Sozialpolitik, u.a: Die neue Kultur des Helfens (München 1993), Der neue Generationen-vertrag (1988).

*Heinichen, Jürgen:* Geboren 1933 in Hamburg, Dr. phil., Studium der Psychologie und Literaturgeschichte in Mar-burg und Heidelberg. 30 Jahre tätig als Personalleiter, Direktor des Personal- und Sozialwesens in der Lebens-mittel-, Chemie- und Metallindustrie. Heute freiberuflich in der Personal- und Führungskräfteberatung tätig.

*Hengsbach, Friedhelm:* Geboren 1937 in Dortmund, Studium der Philosophie, Theologie und Wirtschafts-wissenschaften in München, Frankfurt, Bochum; Promo-tion über die Assoziierung afrikanischer Staaten an die EG; Professor für Wirtschafts- und Sozialethik an der Philo-sophisch-Theologischen Hochschule St. Georgen in Frank-furt am Main, Leiter des Oswald von Nell-Breuning Instituts für Wirtschafts- und Gesellschaftsethik. Veröf-fentlichungen: Jenseits katholischer Soziallehre (Düsseldorf 1993; als Mit-Hrsg.), Wirtschaftsethik (Freiburg 1991) u.v.a.

*Hoffmann, Hilmar:* 1925 in Bremen geboren, Gründungs-direktor der Volkshochschule Oberhausen, fünf Jahre Kul-turdezernent in Oberhausen und zwanzig Jahre in Frank-furt am Main. Lehraufträge an den Universitäten Bochum, Frankfurt/M. und Tel Aviv, seit 1990 Honorarprofessor an der Universität Marburg, Gastprofessor an der Universität Jerusalem. Geschäftsführer der Kulturstiftung Lesen. Zahl-reiche Veröffentlichungen zur Kulturpolitik (u.a.: Kultur für alle; Kultur für morgen; Kultur als Lebensform) und zum Film („Und die Fahne führt uns in die Ewigkeit."

Propaganda im NS-Film). Kulturpolitischer Berater der Olympia GmbH Berlin, seit 1993 Präsident des Goethe-Institutes.

*Koslowski, Peter:* Geboren 1952 in Göttingen; Studium der Philosophie, Volkswirtschaftslehre und Soziologie in Tübingen, München und Virginia Polytechnic Institute USA, Dr. phil. 1979 in München. 1985–1987 Professor in Witten-Herdecke, seit 1987 Direktor des Forschungsinstituts für Philosophie Hannover und Professor für Philosophie und Politische Ökonomie an der Universität Witten-Herdecke. Buchveröffentlichungen: Gesellschaft und Staat (Stuttgart 1982), Prinzipien der Ethischen Ökonomie. Grundlegung der Wirtschaftsethik (Tübingen 1988), Die Ordnung der Wirtschaft (Tübingen 1993) u.v.a.

*Kramer, Dieter:* Geboren 1940 in Rüsselsheim am Main, Studium in Mainz und Marburg, Habilitation in Wien 1987 im Fach Europäische Ethnologie/Volkskunde. Privatdozentur an der Universität Wien. 1968 bis 1976 wissenschaftlicher Mitarbeiter an der Philipps-Universität Marburg/Lahn; 1977 bis 1990 im Dezernat Kultur und Freizeit der Stadt Frankfurt am Main als wissenschaftlicher Mitarbeiter, seit 1990 Kustos im Museum für Völkerkunde der Stadt Frankfurt, dort als Europäischer Ethnologe zuständig für die neu zu schaffende Abteilung Europa. Seit 1978 Mitglied im Vorstand der Kulturpolitischen Gesellschaft (BRD, Sitz Hagen).

*Niethammer, Frank:* 1931 in Leipzig geboren, 1951–1955 Studium der Rechtswissenschaften an den Universitäten Tübingen und Marburg/Lahn, Dr. jur., ab 1960 geschäftsführende Tätigkeit in verschiedenen Unternehmen in Frankfurt am Main; ab 1966 Mitglied bzw. ab 1991 Vorsitz des Vortandes der Aktiengesellschaft für Industrie und Verkehrswesen Frankfurt am Main, seit 1991 Präsident der Industrie- und Handelskammer Frankfurt am Main, Mitglied des Verwaltungsrates der Treuhandanstalt Berlin.

*Rürup, Bert:* Geboren 1943 in Essen. Seit 1976 Professor für Volkswirtschaftslehre und Finanzwissenschaft an der TH Darmstadt, Gastprofessor an den Universitäten Wien und

Leipzig, Mitglied in mehreren wiss. Gesellschaften, Beiräten und Kommissionen. Bücher, Aufsätze und Gutachten zu Fragen der öffentlichen Planung, der Wirtschaftlichkeit in der staatlichen Verwaltung, Wirtschafts-, Finanz-, Beschäftigungs- und Arbeitsmarktpolitik, sektoraler Wandlungsprozesse sowie der sozioökonomischen Konsequenzen des technologischen und demographischen Wandels für das System der sozialen Sicherung. Zahlr. Veröff., u. a. Hg. der Sozialökonomischen Schriften (Zürich, New York, Frankfurt/M.) und der Taschenbuchreihe „Wirtschaft" (Frankfurt/M.).

*Thierse, Wolfgang:* 1943 in Breslau geboren, nach dem Abitur Lehre und Arbeit als Schriftsetzer in Weimar, seit 1964 Studium an der Humboldt-Universtät Berlin, dort wiss. Assistent im Bereich Kulturtheorie/Ästhetik bis 1975, dann Mitarbeiter im Ministerium für Kultur der DDR, seit 1977 wiss. Mitarbeiter an der Akademie der Wissenschaften der DDR im Zentralinstitut für Literaturgeschichte. 1989 beim „Neuen Forum", 1990 in der SPD, dort in mehreren Funktionen, Mitglied des Bundestages seit 1990, stellvertretender Vorsitzender der SPD-Fraktion.

*Weizsäcker, Ernst Ulrich von:* 1939 in Zürich geboren, Physik-Diplom in Hamburg 1965, Dr. rer.nat. (Biologie) in Freiburg 1969, 1972–1975 Professor für interdisziplinäre Biologie an der Universität Essen, 1975-1980 Präsident der Gesamthochschule Kassel, danach beim Zentrum für Wissenschaft und Technik im Dienste der Entwicklung bei den Vereinten Nationen und Direktor des Instituts für Europäische Umweltpolitik inBonn, seit 1991 Präsident des Wuppertal Instituts für Klima, Umwelt, Energie; Mitglied des Club of Rome. Buchveröffentlichungen: Erdpolitik. Ökologische Realpolitik an der Schwelle zum Jahrhundert der Umwelt (Darmstadt 1992), Ökologische Steuerreform (Zürich 1992), Weniger Abfall, gute Entsorgung (Karlsruhe 1991) u. v. a.

*Wilpert, Bernhard:* 1936 in Breslau geboren, Studium der Psychologie und Soziologie in Tübingen, Bonn, Eugene (Oregon/USA), Promotion in Tübingen, seit 1978 Professor für Psychologie an der Technischen Universität Berlin. Forschungen u.a. zu international vergleichender Organisationsforschung, zu arbeitsbezogenen Werthaltungen, zur Sicherheit und Verläßlichkeit komplexer soziotechnischer Systeme. Buchveröffentlichungen: Führung in deutschen Unternehmen (Berlin, New York 1977), Handbuch der Arbeitsbeziehungen (mit anderen; Berlin, New York 1985), Mitarbeit am Lehrbuch der Organisationspsychologie (Bern 1993).

*Ziehe, Thomas:* 1947 geboren, seit 1988 Professor für Sozialpädagogik an der Johann Wolfgang Goethe Universität in Frankfurt am Main, Schwerpunkt Jugendforschung. Buchveröffentlichungen: Zeitvergleiche. Jugend in kulturellen Modernisierungen (Weinheim, München 1991), Der sexuelle Körper. Ausgeträumt? (Berlin 1984), Narziß. Ein neuer Sozialisationstypus? (Bensheim 1979).

# Personen- und Sachregister

Abgeklärtheitsfalle 55
Aquin, Thomas von 124
Arbeit (Def.) 35
Arbeitsinhalte 37, 40f., 91, 113
Arbeitslosigkeit 9, 15f., 61, 65f., 78, 83, 88, 92, 94, 130, 144
Arbeitsmarktpolitik 97f., 103, 125, 141, 176
Arbeitsorganisation 114
Arbeitszeit 10, 28, 37, 40, 47
Arbeitszeitverkürzung 24, 32, 37, 45, 92, 107, 133
Arbeitszeitverlängerung 92
Arendt, Hannah 26, 33, 88
Aristoteles 128
Armut 17f., 18, 96, 147f., 149, 150
Arndt, Rudi 175
Asylrecht 146

Baethge, Martin 31
Besitzstände 137, 139, 166
Betroffenheitsfalle 55
Böckmann, Walter 111
Burn-out-Syndrom 58
Büroarbeit 42

Caesar, Gajus Julius 118
Calvin, Johann 36, 37
Carlyle, Thomas 122
Cassen 31
Christentum 122, 124, 126
Christliche Soziallehre 103f., 105, 159
Clemens von Alexandrien 126

Demographie 38f., 46, 94, 137, 150
Demokratie 25, 145, 175
Denninger, Erhard 173

Dettling, Warnfried 134, 142, 148, 149, 151
Deutsches Jugendinstitut 150
Dezentralisierung 80
Dienstleistungskatastrophe 149
Dienstleistungspakete 81
Dietrich, Isolde 156

Effizienzrevolution 76, 83, 163, 165
EG 11, 136
Ehrenamt 150
Eigenarbeit 82f., 154f.
Einigung, deutsche 18, 70, 162
Einwanderungspolitik 146
Energiepreise 79
Energieproduktivität 74f., 78
Erbschaften 46
Erwerbsarbeit (Def.) 102, 152f., 159f.
Erwerbspersonenpotential 36, 46
Ethik 20, 26, 36, 103, 109f., 160

Faulheit 87f.
Fertigungstiefe 80, 165
Fetscher, Iring 87, 173
Fink, Ulf 102f., 159
Flexibilisierung 48, 107, 136f., 139
Freizeit 12, 33, 83, 88, 106
Fremdenfeindlichkeit 19, 52, 70, 145f.
Friedman, Yona 83
Fühlungsvorteile 144, 169
Führungsqualitäten 115, 116f.

Galeano, Eduardo 165
Gauland, Alexander 147, 160, 162, 163

Geburt 125
Gehlen, Arnold 147
Gewerkschaften 139
Glaser, Hermann 13
Goldmann, Heinz 117
Gorz, André 10, 12, 33, 90
Groh, Dieter 157, 168
Guggenberger, Bernd 11, 12

Habermas, Jürgen 95
Hegel, Georg Friedrich 122, 124f., 127, 129
Heidegger, Martin 123, 124
Heinichen, Jürgen 61
Hellwig, Hans-Jürgen 173
Hengsbach, Friedhelm 15, 134, 143, 145, 159, 162, 168
Herrhausen, Alfred 119
Hobsbawm, Eric 133
Hoffmann, Hilmar 8, 173

Informeller Sektor 156, 157f.

Japan 48, 119, 142f., 149, 169
Judentum 124
Jünger, Ernst 123

Kern, Horst 31
Kernenergie 74
Kleinfeld-Wernicke, Annette 128
Kleingärten 156
Klimaveränderung 73
Kommunikation 117
Kommunismus 123, 124
Kondratieff-Zyklen 86
Kontingenz 54, 57, 124
Koslowski, Peter 120f., 141, 159, 161, 162, 168
Kramer, Dieter 8, 133
Kreisky, Bruno 138
Kultur 13, 135, 142f., 144, 145, 160, 161, 169
Kurz-Scherf, Ingrid 139

Lafargue, Paul 87, 89
Landwirtschaft 11, 133, 157, 158

Langsamkeit 109
Lebensarbeitszeit 40, 47, 65, 160
Lehrer 51f., 56
Leistung 19, 114f., 141
Lessing, Gotthold Ephraim 157
Leven, Maria Christiana 173
Lohnkosten 22, 134
López, Ignazio 164, 165
Lovins, Armory 165, 166
Luhmann, Niklas 53, 54
Luther, Martin 36

Malik, Fredmund 112, 117, 118
Mann, Rudolf 111
Marktfähigkeit 153
Marx, Karl 87, 127, 168
Maschinenlaufzeiten 48f., 107, 117, 137
Maslow 63, 64
Maucher, Helmut 146
Mißbrauchsdiskussion 18, 93, 100, 146
Motivation 10, 28f., 55, 64, 115
Münder, Johannes 148
Muße 36, 89, 128, 134, 168, 169, 176

Nadolny, Sten 109
Nation, Nationalstaat 16, 145
Nationalsozialismus 123, 124
Negative Einkommenssteuer 82, 99, 110, 140, 141
Negt, Oskar 9, 89, 174
Nell-Breuning, Oskar von 88, 103, 104
Neue Bundesländer 69f., 91, 94, 158
Niethammer, Frank 109, 160, 161
Nietzsche, Friedrich 129
Normalarbeitsverhältnis 93f.
Nussbaum, Henrich von 151, 152

Oetinger, Friedrich 125
Ökologie 16, 69f.

Palmerston, Lord 147
Personalführung 116, 161
Pflichtnormen 30
Plausibilitätsfalle 55
Plotin 128
Produktivität 32, 41, 92, 104

Qualifikation 45, 52, 102, 142
Quartarisierung 83, 154
Quiggin 35
Quintanilla, Ruiz 27

Rationalisierung 10, 32, 41, 78, 81
Reagan, Ronald 17
Reisch, Linda 9, 168
Ressourcenproduktivität 75, 78
Rezession 85, 95
Ribbe, Lutz 157
Rio de Janeiro, Klimakonferenz 71, 73
Rürup, Bert 35, 136f., 152

Salomo 177
Sbert, José María 177
Scharpf, Fritz 99, 140
Schiller, Friedrich 13
Schmid, Thomas 138, 166
Schmidt, Helmut 16
Schnapper-Arndt, Gottlieb 157
Schopenhauer, Arthur 153
Schor, Juliet 128
Schule 51f.
Schumann, Michael 31
Selbstwertgefühl 62, 67, 104, 116, 129, 149
Singles 167
Sinn 103, 108, 109f., 120f., 126, 128, 131, 159f., 167
Solidarität 95f.
Soziale Sicherung 24f., 84

Sozialpolitik 147, 153
Sozialprodukt (Def.) 137
Sozialzeit 106
SPD 89, 97, 101
Speckgürtel 148
Spengler, Oswald 162
Spranger, Eduard 124
Sprenger, Reinhard 115
Standards 134, 138f., 143, 145, 169
Standortfaktoren 38f., 46, 48, 85, 90f., 133, 135, 142f.
Steuern 162
Steuerreform, ökologische 80, 141, 164
Stihl, Hans Peter 137
Subjektivierung 52
Subsistenzarbeit 36, 149, 155f.

Tätigkeit 13, 103, 105, 108, 159
Telearbeit 42f., 144
Tertiarisierung 43f., 81, 153, 164
Thatcher, Margret 17
Thierse, Wolfgang 87, 140, 141, 145, 146, 161, 163
Töpfer, Manfred 70
Toynbee, Arnold 162

Überarbeitung 120
Umdenken 31f., 91, 164f.
Umweltschutz 69f., 72, 135, 164
Umweltsteuer 84, 164
Umwelttechnik 71
Umweltverträglichkeit 23, 113, 135
Unterbeschäftigung 120
Unternehmer 109f.
USA 48, 129, 142, 143, 151, 155
Utopie 89

Verantwortung 109f.
Verordnungsweg 79

Verteilungskämpfe 90
Verzeitlichung 52
Vollbeschäftigung 23, 93, 103,
    107, 133f., 167
Vorreiter 23, 165

Wachstum 88
Wahlmöglichkeiten,
    individuelle 53
Weizsäcker, Ernst Ulrich von
    69, 140, 141, 154, 159, 163,
    165, 166
Wildbeuter 168
Wilpert, Bernhard 26, 155,
    159, 160

Winkler, Annette 161
Wirth, Heinz Willi 173
Wochenendfreizeit 50, 138
Wohlstandseinbußen 136,
    166
Wollert, Artur 116
Workoholismus 131

Zeitsouveränität 107f., 160
Zentralisierung 80
Ziehe, Thomas 51, 159
Zuwanderung 38f., 40, 146
Zweiter Arbeitsmarkt 82,
    93, 99, 101, 130, 140f.,
    142